Dalai Lama

Tod und Unsterblichkeit im Buddhismus

HERDER / SPEKTRUM

Band 4555

Das Buch

In diesem wegweisenden und grundsätzlichen Buch faßt der Dalai Lama erstmals seine Auffassung zur Frage nach dem Selbst im Buddhismus zusammen. Er führt aus, auf welche Weise der Buddhismus zwischen der Person und der unsterblichen Individualität unterscheidet. Der Buddhismus verneint die Existenz von etwas Kosmischem, Universellem, von dem das individuelle Bewußtsein nur ein Teil wäre. Das Selbst ist eine begriffliche Konvention, nichts, was durch Analyse auffindbar wäre. Gleichzeitig legt er in faszinierenden Worten seine Vorstellung von Nirvana dar. Es zeigt sich eine inspirierende Synthese aus Individualität und Universalität, wie sie in dieser intensiven Dichte und philosophischen Kompetenz wohl nur der XIV. Dalai Lama zu leisten vermag. Er geht aber auch auf ganz konkrete Fragen ein, etwa auf das Thema, was der Buddhismus den Bewohnern der westlichen Welt bei Depressionen zu bieten hat und ob sein tiefes esoterisches Wissen der westlichen Welt nutzbar gemacht werden kann. Der Band vereinigt Gespräche, die der Herausgeber mit dem Dalai Lama in Dharamsala und Salzburg geführt hat (und die u. a. in der Publikation des Aquamarin-Verlags „Die Buddha-Natur" 1996 erschienen sind), ergänzt durch Anmerkungen, die für die Taschenbuchausgabe verfaßt wurden, aber auch zentrale systematische Äußerungen des Autors in anderen Zusammenhängen. Ein notwendiges und aufschlußreiches Buch auch für den Dialog der Religionen.

Der Autor

Der XIV. Dala Lama ist der wohl bedeutendste Repräsentant des Buddhismus. Seine Ausstrahlung als Lehrer und spiritueller Führer ist weltweit. Er ist Träger des Friedensnobelpreises. Bei Herder/Spektrum: Der Friede beginnt in dir (Band 4451); Mitgefühl und Weisheit (4288); Sehnsucht nach dem Wesentlichen (4229); Einführung in den Buddhismus (4148); Zeiten des Friedens (4065); Tibet – Ort der Götter, Land der Tränen (4497).

Der Herausgeber

Dr. Peter Michel, Philosoph und Verleger, Leiter des Aquamarin-Verlags in Grafing. Autor und Herausgeber zahlreicher Bücher. Unter seinen Veröffentlichungen: Brücken von Herz zu Herz; Das Weltbild der Yoga-Meister; Karma und Gnade.

Dalai Lama

Tod und Unsterblichkeit im Buddhismus

Herausgegeben von Peter Michel

Herder

Freiburg · Basel · Wien

Gedruckt auf umweltfreundlichem,
chlorfrei gebleichtem Papier

Alle Rechte vorbehalten – Printed in Germany
© für diese Ausgabe Verlag Herder Freiburg im Breisgau 1997
© für Kapitel IX „Tod und niedere Bereiche" bei dharma edition,
Hamburg. Wir danken für die Abdruckgenehmigung aus dem Buch
Dalai Lama, Gesang der inneren Erfahrung.
Herstellung: Freiburger Graphische Betriebe 1997
Umschlaggestaltung: Joseph Pölzelbauer
Umschlagfoto: Focus-Bildagentur, Hamburg
ISBN: 3-451-04555-9

Inhalt

Vorwort

Ein weiser Zen-Meister sagte einmal: „Worte sind ein sehr unvollkommenes Instrument, aber wir haben kein besseres. Darum versuchen wir, geistige Dinge mittels der Worte zu beschreiben."

Zu einer anderen Zeit und an einem anderen Ort, gelangte irgend jemand zu einer fast identischen Definition hinsichtlich der Mängel der Demokratie. In welcher unvollkommenen Welt leben wir leider immer noch! Den einzig sinnvollen Weg aus dieser Unvollkommenheit sehe ich in der Arbeit. In der Arbeit an sich selbst, an der Umwelt und an den Problemen des Alltags.

Das Buch, das Sie gerade in den Händen halten, ist keine leichte Lektüre. Es ist aber auch nicht leicht, an der eigenen Entwicklung zu arbeiten.

In Tibet erforschen seit fast anderthalb Jahrtausenden die Weisesten der Weisen theoretisch – und mittels der buddhistischen Meditation auch praktisch – das Wesen des menschlichen Geistes. Ich kenne niemanden, der mehr berufen wäre, die Ergebnisse dieser Arbeit zu deuten, als das Oberhaupt aller tibetischen Buddhisten, Seine Heiligkeit der XIV. Dalai Lama. In diesen Tagen, in denen die Zeit der Hoffnung für seine leidende tibetische Heimat vor unseren Augen von Tag zu Tag zerfließt, ist seine Botschaft immer dringlicher.

Václav Havel

Danksagung

Mein besonderer Dank gilt dem Sekretär Seiner Heiligkeit, Tsering Tashi, der unser Gespräch vorbereitete und uns während unseres Aufenthaltes in Dharamsala mit großer Liebenswürdigkeit und Hilfsbereitschaft zur Seite stand.

Vor allem aber bin ich Annette Wagner verbunden, die mit schier unerschöpflicher Geduld meine Stimmungsschwankungen auf unserer Reise ertrug und mein Leiden an dem oft unfaßbaren Elend Indiens, meiner geistigen Heimat, mit mir teilte.

Renée Weber danke ich, daß ich ihr Gespräch mit Seiner Heiligkeit, das die anderen Ausführungen ergänzt, in diese Taschenbuchausgabe mit aufnehmen konnte.

Die Anmerkungen dieser Taschenbuchausgabe wurden für die amerikanische Ausgabe des Buches „Die Buddha-Natur" von Cate Hunter erstellt.

Einleitung

Die Frage nach den Vorstellungen von Tod und Unsterblichkeit im Buddhismus, und damit die Frage nach der Individualität und dem ewigen Leben, stehen seit fast zweieinhalb Jahrtausenden im Zentrum des Dialoges über die Lehren des Buddha. Die weitverbreitete Überzeugung, die Anatman-Lehre[1] sei eine Lehre des Nicht-Selbst und damit die Verneinung einer unsterblichen Individualität, hat gerade im Gespräch mit den theistischen Religionen des Abendlandes zu Mißverständnissen geführt.

Der Dalai Lama nahm anläßlich seiner zahlreichen Auslandsreisen in Vorträgen und Gesprächen gelegentlich zu dieser Frage Stellung, allerdings nicht so umfassend, wie es die Bedeutung der Thematik eigentlich erforderlich macht. Im Rahmen meines vorangegangenen Gespräches mit Seiner Heiligkeit wurde ein erster Versuch unternommen, sich dieser Problematik tiefschürfend anzunähern. Leider zwang der dichtgedrängte Terminplan anläßlich der Salzburger Festspiele den Dalai Lama dazu, unseren Dialog unvollendet zu lassen. Er lud mich daher ein, diesen Gedankenaustausch in umfassenderer Form am Sitz seiner Exilregierung, im nordindischen Dharamsala, fortzuführen.

Die Reise nach Dharamsala gestaltet sich auch im

Zeitalter des Düsenjets noch immer als Pilgerschaft, wenngleich der nach dreißig Stunden Flug, Zugfahrt und Autotrip erschöpfte Europäer meistens sehr schnell beschämt wird, wenn er von den unglaublichen Entbehrungen hört, welche die Tibeter auf sich nehmen mußten, um nach Dharamsala zu gelangen. Abenteuerliche Touren von mehreren Monaten sind dabei keine Seltenheit. Getragen werden diese oft ganz einfachen Männer und Frauen von einer einzigartigen Liebe und Hingabe zu *ihrem* Dalai Lama. Es wird mir immer unvergeßlich bleiben, wie eine uralte, völlig gebückte Tibeterin versuchte, den Tempel zu umrunden, in dem Seine Heiligkeit eine Puja zelebrierte. Leider wurde sie immer wieder von Sicherheitskräften zurückgewiesen, und nur mit Mühe und endloser Geduld gelang es ihr schließlich, Zutritt zum Inneren zu erhalten. Meinen Begleitern und mir erschien diese Frau gleichsam wie ein Symbol, eine Inkarnation des tibetischen Schicksals – in vollkommener Hingabe an den Buddha und den Dalai Lama, aber schwer gezeichnet von ihrem leidvollen Lebensweg.

Das Treffen mit dem Dalai Lama stand unter einem guten Stern, denn am Tag nach unserer Ankunft in Dharamsala fand die Einweihung des neuen tibetischen Kulturzentrums, des Norbulingka-Institutes, statt. Mit den Mitteln aus dem Nobelpreis und durch die Hilfe eines japanischen Mäzens errichtet, stellt es ein einzigartiges Kulturdenkmal dar und wird in der Zukunft einen Hort für die Weisheit des tibetischen Buddhismus bilden. Eine seiner Aufgaben soll es auch sein, den inter-religiösen Dialog zu fördern, und unser Gespräch mit Seiner Heiligkeit stellte bereits einen ersten Meilenstein dafür dar.

Nach ausführlichen Sicherheitskontrollen begrüßte uns der Dalai Lama mit großer Herzlichkeit in seinem Empfangsraum im Obergeschoß des neuen Tempels im Norbulingka-Institut. Er wirkte auf mich, der ich ihn bisher nur in Europa erlebt hatte, in seiner vertrauten Umgebung noch kraftvoller. Es schien mir, als sei er unmittelbar an sein ihm ureigenes Energiefeld angeschlossen. Meint man als Europäer gelegentlich, *nur* einem tibetischen Mönch zu begegnen, gemäß den eigenen Worten Seiner Heiligkeit, so unterliegt es keinem Zweifel, daß der Besucher in Dharamsala auf den Dalai Lama trifft, eine Verkörperung von Avalokiteshvara, dem Bodhisattva des Mitgefühls.[2]

Das Gespräch entfaltete sich umgehend in großer Intensität, und es wurde schnell deutlich, wie sehr dem Dalai Lama die Thematik am Herzen lag. Dies wurde unterstrichen durch den Sachverhalt, daß Seine Heiligkeit oft vom Englischen ins Tibetische wechselte, um philosophisch mit äußerster Präzision zu antworten. Die Zeit scheint während solcher Gespräche stillzustehen, und erst beim Abschied, wenn Seine Heiligkeit seinen Gästen den weißen Schal um den Hals legt, nimmt der normale Zeitverlauf wieder seinen Anfang.

Im Vorhof des Tempels begrüßten uns die durchdringenden Klänge der tibetischen Musiker und Tänzer und holten uns vollends auf den harten Boden der indischen Wirklichkeit zurück.

I.
Die Buddha-Natur

PM: Im Pali-Kanon[3] findet sich der Satz: „Es gibt, Mönche, ein Ungeborenes, Ungewordenes, Nichtgemachtes." Das ist eine Aussage über das Absolute in der buddhistischen Philosophie.

In Ihren Harvard-Vorlesungen[4] sagen Sie (Kapitel V), daß „(die Nur-Geist-Schule, die den Schriften folgt ...[5]) die Buddha-Natur mit dem Samen für eine unbefleckte Ursprüngliche Weisheit gleichsetzt, (der ihrer Meinung nach in dem Allem-zugrundeliegenden Bewußtsein ruht)". Dann zitieren Sie aus den Lehren des Höchsten Yogatantra[6], wonach „das innerste, reinste Bewußtsein, das Klare Licht, ungeboren ist". Und in Frankreich sagten Sie 1993, daß das Bewußtsein keinen Anfang hat. „Ein Bewußtseinsmoment kann nur aus einer ihm gleichbleibenden Ursache hervorgehen – also aus einem anderen Bewußtseinsmoment – und nicht aus etwas Unbelebtem, und deshalb sagen wir, daß es anfanglos ist." Ich möchte diese Aussagen miteinander in Verbindung bringen. Meine Frage lautet daher: Gibt es eine Verbindung zwischen dem Ungeborenen, Ungeschaffenen und dem Samen der Buddha-Natur? Wie kommt dieser Same zustande? Und wie kann der Same seine eigentliche Essenz vergessen?

DL: In bezug auf die Erklärung der Buddha-Natur müssen wir die Lehrmeinungen der vier buddhistischen philosophischen Schulen[7] berücksichtigen: Wir haben die Aussagen der unteren Schulen auf der einen Seite – das sind die Vaibhashikas und Sautrantikas – und die der höheren Schulen auf der anderen Seite – das sind die Cittamatrin und die Madhyamikas. Bei den beiden höheren Schulen muß man wiederum unterschiedliche

17

Aussagen berücksichtigen. Die unteren beiden Schulen gleichen sich, da sie sich im wesentlichen auf die Bedeutung einer guten ethischen Lebensführung konzentrieren. Für Ihre Frage sind daher die beiden höheren Schulen besonders relevant.

Nach Cittamatra-Auffassung besteht die Buddha-Natur in den Samen für einen unbefleckten Geist. Nach dieser Erklärung ist die Buddha-Natur Bewußtsein, also ein produkthaftes, unbeständiges Phänomen. Nach der Auffassung der Madhyamikas gilt die Buddha-Natur allgemein als die endgültige Realität jenes Geistes, der sich noch in einem verunreinigten Zustand befindet und die Beflleckungen und Hindernisse noch nicht überwunden hat. Diese Auffassung entspricht besonders den Lehren der Sutras über die Vollkommenheit der Weisheit. Wenn die Verunreinigungen einmal beseitigt sind, ist die gleiche endgültige Realität des Geistes ein Bestandteil des „Wahrheitskörpers" (dharmakaya)[8] eines Buddha. Weil nach dieser Schule die Buddha-Natur als die endgültige Realität des Geistes betrachtet wird, ist sie ein ungeschaffenes, beständiges Phänomen.

Nach der Lehre von Maitreyas Abhandlung des Großen Fahrzeugs über das Höchste Kontinuum[9], die zur gleichen philosophischen Schule, dem Madhyamaka, gehört, ist die Buddha-Natur der bloße klare und erkennende Geist selbst.

Im tantrischen Kontext wird die Buddha-Natur nicht als der bloße Faktor von Klarheit und Erkenntnis des Geistes allgemein verstanden, sondern mit dem besonderen Geist des Klaren Lichts gleichgesetzt.

II.
Das Klare Licht des Geistes

PM: In Frankreich sagten Sie 1993, daß das Klare Licht nicht mit einem Schöpfer oder einem Konzept wie Brahman[10] verwechselt werden darf. „Die tantrische Tradition erklärt den Dharmakaya (die Existenzform in der höchsten Wirklichkeit, P. M.) auf besondere Weise mit dem Begriff des Klaren Lichtes, der eigentlichen Natur des Geistes, was besagen soll, daß alle Phänomene, Samsara und Nirvana, sich aus dieser klaren und leuchtenden Quelle heraus manifestieren. Man kann deshalb sagen, daß diese höchste Quelle, das Klare Licht, der Vorstellung des Schöpfers nahekommt. Aber Vorsicht: Wenn ich hier von Quelle spreche, darf dies nicht falsch verstanden werden! Ich will damit nicht sagen, daß irgendwo eine Art von gesammeltem Klaren Licht als Substrat existiert, ähnlich der nicht-buddhistischen Vorstellung von Brahma. Dieser leuchtende Raum darf nicht deifiziert werden!"

Wie ist dieses Klare Licht, das ja die Essenz des individuellen Lebewesens ist, mit der begrenzten Persönlichkeit eines Wesens verbunden?

DL: Wenn man nach dem Wesen der Buddha-Natur und damit nach dem Wesen des Geistes des Klaren Lichts sucht, so kann man dies ausschließlich im Bewußtseinskontinuum individueller Personen finden. Zum Beispiel sprechen wir vom Menschen. Menschen machen individuelle Erfahrungen, sie werden als individuelle Wesen geboren. Sie sind also einzelne menschliche Wesen, und doch können wir von der Menschheit insgesamt und dem Menschen allgemein sprechen. Das gleiche gilt für das Bewußtsein: Was wir als Klares Licht bezeichnen, ist stets etwas Individuelles, nicht eine Art universeller Seele oder ein universelles Klares Licht. Doch weil gleichzeitig die Zukunft eines jeden Individuums auf diesem Geist des Klaren Lichts beruht, sagen wir von diesem Gesichtspunkt her, daß das Klare Licht beinahe wie ein Schöpfer ist. Das bedeutet nicht, daß es irgendwo ein eigenes, isoliertes, universelles Klares Licht gäbe.

PM: Hat man sich das Klare Licht irgendwie als etwas Aktives vorzustellen?

DL: Nein; was unseren gewöhnlichen Zustand angeht, kann man kaum sagen, daß das Klare Licht aktiv ist. Doch wenn wir durch Training in der Meditation willentlich das Klare Licht manifestieren und erfahren, dann kann das Klare Licht benutzt werden, um Objekte zu erkennen. Vielleicht kann man zu diesem Zeitpunkt davon sprechen, daß das Klare Licht aktiv ist.

PM: Kann ich sagen, daß das Klare Licht potentiell in jedem Wesen existiert?

DL: Nein, nicht potentiell, das Klare Licht existiert immer. Sie können das mit Wasser vergleichen: Selbst wenn das Wasser schmutzig und schlammig wird, besteht die Klarheit des Wassers noch immer; aber weil das Wasser mit den Verschmutzungen vermischt ist, können wir diese Reinheit nicht wahrnehmen. Das verschmutzte Wasser könnte gar nicht existieren, wenn das klare Wasser nicht existierte. Tatsächlich beweist die Existenz des verschmutzten Wassers selbst, daß dort klares Wasser als Basis existiert. Gegenwärtig ist unser

Klares Licht inaktiv. Doch das Klare Licht existiert; denn aufgrund des Klaren Lichts können all die gröberen Bewußtseinszustände wie die vielfältigen Gedanken entstehen.

PM: Meine Hauptschwierigkeit mit dieser Philosophie ist: Wie kann es sein, daß das Klare Licht sich nicht seiner selbst bewußt ist? Wie kann ein Wesen seine eigene Buddha-Natur vergessen, wenn diese noch immerzu vorhanden ist?

DL: Unser gewöhnliches Bewußtsein existiert auf einer groben Ebene. Wenn wir denken „ich erkenne dieses, ich weiß jenes", so handelt es sich um grobe Bewußtseinszustände. All diese Gedanken bestehen auf einer gröberen Ebene des Bewußtseins. Solange diese gegenwärtige grobe Ebene aktiv ist, ist das Klare Licht inaktiv; und wenn umgekehrt das Klare Licht aktiv wird, werden die gröberen Bewußtseinsebenen inaktiv. Aus diesem Grund wird uns nicht klar bewußt, was wir im Tiefschlaf ohne Traum erleben, obwohl auch dann Erleben stattfindet; nur wenn wir etwas träumen, können wir uns am nächsten Morgen erinnern, daß wir diesen oder jenen Traum hatten. Wenn wir im Schlaf keinen Traum hatten, scheint es uns so, als hätte der Schlaf nur ein paar Augenblicke gedauert. Wenn Sie tief geschlafen haben und nach ein paar Stunden aufwachen und auf die Uhr schauen, sehen Sie, daß schon drei, vier Stunden verstrichen sind; doch Sie haben das Gefühl, als seien es nur ein paar Momente gewesen. Aus solchen Beobachtungen wird deutlich, daß es verschiedene Ebenen des Bewußtseins gibt.

PM: Wie kann das Buddha-Bewußtsein, das von Anfang an existiert, in seine eigene Vergeßlichkeit verfallen? Zum Beispiel: Ein Buddha war nicht von Anfang an ein Buddha; er ist gewachsen und hat sich im Laufe der Zeit zu einem Buddha entwickelt. Am Anfang gab es also nur einen Samen. Trägt der Same als Same seinen eigenen evolutiven Impuls?

DL: Dieser Same existiert, seitdem es Bewußtsein gibt. Das Bewußtsein hat keinen Anfang, und das Leben hat keinen Anfang.

PM: Wie kann ein Wesen zu einem Buddha werden, wenn es keinen Anfang gibt? Müssen wir uns hier von unserem normalen Zeitverständnis lösen?

DL: Man wird ein Buddha durch die allmähliche Umwandlung des Geistes; doch der Geist des Klaren Lichts muß nicht umgewandelt werden. Er besteht immer.

PM: Kann man sagen, daß der „unklare Geist" in den Klaren-Licht-Geist umgewandelt werden muß? Sie haben gesagt, die Verschmutzung des Wassers muß entfernt werden, damit das reine Wasser zum Vorschein kommt. Wie kann das geschehen?

DL: Durch Reinigung des Geistes. Man muß die Unwissenheit beseitigen.

PM: Das leuchtet ein. Doch wie wird das Wasser zuerst unrein?

DL: Es wird erklärt, daß auch die Verunreinigungen, die den Geist des Klaren Lichts beeinträchtigen, seit anfangsloser Zeit bestehen. Es gibt Formen der Unwissenheit, die angeboren sind. Die Anfangslosigkeit des Geistes und damit der Lebewesen kann nicht direkt positiv nachgewiesen werden; man fragt sich, welche Konsequenzen sich ergeben würden, wenn man einen Anfang des Lebens annimmt. Denn dies zieht gleich die Frage nach sich: Wie hat es angefangen? Was waren die Ursachen? Aus dieser Annahme ergibt sich eine Reihe von Widersprüchen.

PM: Bezieht sich das eingangs erwähnte Zitat aus dem Pali-Kanon, daß es etwas „Ungeborenes, Ungewordenes, Nichtgemachtes" gibt, auf den Geist des Klaren Lichts?

DL: Nein; das ist etwas anderes. In dem von Ihnen erwähnten Zitat lehrt der Buddha das Nicht-Selbst *(Anatman)* der Person. Dabei müssen Sie wissen, daß Nicht-Selbst hier die Selbst-Losigkeit der Person bedeutet, das heißt die Nichtexistenz eines absoluten, unabhängigen Selbst *(Atman);* Selbst bedeutet nicht Selbstlosigkeit im üblichen Sinne von Uneigennützigkeit. Die Pali-Sutras des Theravada[11] und die Sanskrit-Sutras des Mahayana[12] erklären wiederholt die Leere, das Ungeborensein, Nichtbestehen, Nichtvergehen; sie beziehen sich dabei auf dieses Nicht-Selbst. Im tantrischen Zusammenhang wird allerdings auch der subtile Geist des Klaren Lichts als ungeboren, ungeschaffen bezeichnet. Das geschieht deshalb, weil er ohne Anfang ist; es gibt also einen Grund, ihn auch auf der konventionellen

Ebene „ungeboren" zu nennen. Doch dies ist eine Ausnahme. Allgemein gesprochen gilt: Wenn von einem Phänomen, das entsteht und vergeht, gesagt wird, daß es frei von Entstehen und Vergehen ist, so kann sich das nur auf seine letztgültige Bestehensweise, das Nicht-Selbst, beziehen, man kann nichts anderes darunter verstehen.

III.
Selbst und Nicht-Selbst

PM: Das bringt mich zur dritten Frage: In Frankreich haben Sie 1993 über die Nicht-Selbst- und Selbst-Theorien gesprochen. Sie sagten: „Die Existenz eines ewig bestehenden, einzelnen und unabhängigen Selbst wird (von den Buddhisten) verneint, das Vorhandensein eines Selbst als Agens, als handelnde Kraft, jedoch nicht." Und sie sagten auch, das ist sehr interessant: „Wenn die Buddhaschaft erlangt ist, besteht das individuelle geistige Kontinuum weiter, weshalb wir von der individuellen Identität eines Buddha sprechen können." Meine Frage ist nun: Wie steht die individuelle Identität eines Buddha mit der Theorie eines Atman in Verbindung? Gibt es hier nicht eine Parallele?

DL: Nein. Der Begriff des Atman hat eine ganz bestimmte Bedeutung: Er bezieht sich auf ein Selbst, das völlig isoliert und unabhängig von den körperlichen und geistigen Aggregaten der Person besteht. Atman bedeutet ein Selbst, das getrennt von Körper und Geist bestimmt werden kann. Ein solches Selbst wird im Buddhismus verneint.

Das Klare Licht ist nicht das Lebewesen, nicht die Person, sondern die Grundlage des Lebewesens. Das Klare Licht ist ein Teil des Bewußtseins; er gehört zur Benennungsgrundlage des Lebewesens, also des Selbst; das Klare Licht ist nicht das Selbst. Im Zustande der Buddhaschaft bestehen keine gröberen Ebenen des Denkens mehr, sie alle haben aufgehört. Was bleibt, ist ausschließlich das Klare Licht. Auch in dem Zustand wird die Buddha-Identität, das Wesen Buddha, die Kombination von subtilem Geist und subtiler Energie, begrifflich beigelegt. Es gibt keine separate Buddha-Identität neben diesen sehr subtilen fünf körperlichen und geistigen Aggregaten. Die Nicht-Selbst-Theorie ist gültig von der Ebene einer gewöhnlichen Person, wie wir es sind, bis hin zur Ebene eines Buddha.

PM: Nicht-Selbst heißt dann nicht, daß es keine Individualität gibt? Wie sie die Selbst-Theorie interpretieren, geht es da um etwas sehr Statisches, wie im Falle des Advaita-Vedanta[13]: Man verschmilzt mit dem Brahman, so daß der Atman Brahman wird und es nur noch Brahman gibt. Sie verneinen dies, nicht wahr?

DL: Wenn wir mit der Theorie des Nicht-Selbst den Atman, das „Selbst", verneinen, so verneinen wir damit ein Selbst mit einer eigenständigen substantiellen Existenz. Es gibt kein unabhängiges, aus sich bestehendes Selbst. Das Selbst, die Person, existiert nur in Abhängigkeit von den körperlichen und geistigen Aggregaten. Dies gilt für alle Lebewesen bis hin zum Buddha. Dieses Selbst, das in Abhängigkeit von den körperlichen und geistigen Aggregaten besteht, ist natürlich immer individuell, denn es besteht ausschließlich in Verbindung mit individuellen körperlichen und geistigen Aggregaten, es gibt keine universelle Person. Ebenso ist Anatman, Nicht-Selbst, ein Aspekt der Bestehensweise individueller Personen. Es gibt kein von den einzelnen Personen losgelöstes, universelles Nicht-Selbst. Anatman ist die bloße Negation eines von den körperlichen und geistigen Aggregaten unabhängigen, eigenständig existierenden Selbst.

PM: Löst sich das unabhängige Selbst auf? Im Advaita-

Vedanta existiert das Selbst am Ende nicht mehr. Der Atman wird zu Brahman, und am Ende gibt es nur noch Brahman.

DL: Nein, so ist das nicht zu verstehen. Wir reden nicht über einen Prozeß, in dem sich das Selbst allmählich auflösen würde. Nicht-Selbst ist einfach ein natürlicher Aspekt der Existenzweise jeder Person.

IV.
Buddhaschaft

PM: Vielleicht wird dieser Problempunkt deutlicher anhand einer Aussage, die Sie in Bodhgaya machten. Sie sagten: „Das grundlegende, endgültige, subtilste innerste Bewußtsein besteht ohne Ende weiter. Es hatte keinen Anfang, und es wird kein Ende haben. Dieses Bewußtsein wird weiterbestehen. Wenn wir die Buddhaschaft erreichen, wird dieses Bewußtsein erleuchtet, allwissend. Doch das Bewußtsein wird ein individuelles bleiben. Das Bewußtsein von Buddha Shakyamuni[14] und das Bewußtsein von Buddha Kashyapa[15] zum Beispiel sind zwei verschiedene, individuelle Dinge. Die Individualität des Bewußtseins geht mit dem Erreichen der Buddhaschaft nicht verloren." Bedeutet das, daß die Evolution des Bewußtseins niemals zu Ende geht? Gibt es einen kosmischen Buddha?

DL: Es gibt kein solches kosmisches Bewußtsein, in das man sich auflöst.

PM: Ich meinte das nur als Analogie für eine endlose spirituelle Fortentwicklung. Ich möchte Sie mit einem kurzen Zitat von Krishnamurti[16] konfrontieren. Er sagte über Erleuchtung: „Glauben Sie mir, ich sehe nur einen Bruchteil des Unendlichen. (...) Es ist unmöglich, eins damit zu sein; es ist unmöglich, eins mit einem schnell fließenden Fluß zu sein. Man kann niemals eins sein mit dem, was keine Form, kein Maß, keine Eigenschaft hat. Es ist; das ist alles." Könnten Sie in ähnlicher Weise sprechen, oder würden Sie dem widersprechen?

DL: Wenn Sie diese Aussage auf den Zustand eines nicht-erleuchteten, begrenzten Wesens beziehen, kann man dies wahrscheinlich so sagen. Wenn Sie diese Aussage aber auf die Buddhaschaft beziehen, so kann dies verschiedene Bedeutungen haben. Selbst auf der Ebene der Buddhaschaft ist der Geist des Buddha, also in diesem Fall der Geist des Klaren Lichts, ein geschaffenes, produkthaftes Phänomen. Das heißt, er ändert sich von Moment zu Moment. Die Objekte, die der Geist des Buddha erkennt, verändern sich. Tage, Wochen, Monate usw. existieren und vergehen. Mit den Objekten verändert sich auch der Geist des Buddha. Da sich die Objekte endlos verändern, verändert sich auch der Geist des Buddha endlos.

PM: Der Geist entwickelt sich ständig weiter?

DL: Buddhas Geist erkennt stets alle verschiedenen Ebenen von Phänomenen. Da sich all die unbeständigen Phänomene ständig verändern, verändert sich natürlich auch der Geist des Buddha, der all diese Veränderungen wahrnimmt. Alle geschaffenen Phänomene sind in einem Prozeß ewigen Wandels; so befindet sich auch der Geist des Buddha in einem Prozeß ständigen Wandels. Dieser Prozeß ist aber keine Umwandlung im Sinne einer Weiterentwicklung; es finden einfach Veränderungen statt. Anders ist es mit unserem Geist: Er wandelt sich nicht nur in dem Sinne, daß er ständig wechselnde Situationen erfaßt, sondern darüber hinaus im Sinne eines geistigen Fortschritts, wenn wir die entsprechenden Mittel dazu anwenden. In diesem Fall vollziehen wir mit dem Fortgang der Zeit auch eine geistige Umwandlung. Dieser Entwicklungsprozeß findet ein Ende mit dem Erreichen der Buddhaschaft. Wenn Sie die Buddhaschaft erreichen, haben Sie sich damit alle positiven Eigenschaften vollkommen angeeignet, und Sie haben alle negativen Eigenschaften vollständig überwunden. Es gibt nichts Höheres zu erreichen, es ist der Endpunkt der spirituellen Entwicklung. Aber der Prozeß der Veränderung aufgrund sich wandelnder Objekte des Bewußtseins geht immer weiter – auch auf der Ebene der Buddhaschaft. Das Bewußtsein ist in seiner Natur ein unbeständiges, sich von Moment zu Moment wandelndes Phänomen.

PM: Das war mein Gedanke, als ich fragte, ob es einen kosmischen Buddha gibt. Im Christentum haben wir die Theorie, daß es einen Christus gibt, der sich zu einer bestimmten Zeit in der Weltgeschichte inkarnierte, sich aber auch in universellen Bereichen weiterentwickeln kann. So gibt es eine endlose Kette von Bewußtsein und von Wesen.

DL: Was die verschiedenen Aspekte eines Buddhas angeht, wird von verschiedenen „Körpern" *(kayas)*[17] eines Buddha gesprochen. In dem Zusammenhang werden der Körper des Vollkommenen Erfreuens *(sambhogakaya* und der Wahrheitskörper *(dharmakaya)* erklärt. Von dem Gesichtspunkt her, daß der Körper des Vollkommenen Erfreuens viele Ausstrahlungskörper *(nirmanakaya)* manifestiert, könnte man ihn vielleicht als eine Art „kosmischen" Buddha-Körper ansehen. Dabei dürfen wir aber nicht aus den Augen verlieren, daß auch der Körper des Vollkommenen Erfreuens ein Individuum ist.

PM: Stimmt es, daß dieser nicht unbedingt eine Inkarnation auf der Erde sein muß?

DL: Nur der Ausstrahlungskörper inkarniert sich auf
der Erde. Die Entwicklung des Bewußtseins findet nicht
unbedingt nur hier auf der Erde statt, aber natürlich
nur unter den Lebewesen. Da gibt es Wesen in den
verschiedenen Bereichen, zum Beispiel in den Himmelswelten. Nach buddhistischer Vorstellung gibt es
verschiedene Himmelswelten. Einige gehören zum
Daseinskreislauf *(samsara)*[18], andere nicht.

V.
Individualität und Universalität

PM: Ich glaube, hinsichtlich Individualität und Universalität sind die Ansichten des Buddhismus und die Philosophie Sri Aurobindos[19] sehr ähnlich. Sein Konzept lautet ungefähr so: Das Universelle und das Individuelle bilden zwei zusammenhängende Kräfte, die jeweiligen Pole ihrer Manifestation, unbegrenzte Peripherie und mannigfaltiges Zentrum der tätigen Wirklichkeiten ihres Seins.[20]

DL: Nach buddhistischer Auffassung gibt es keine Form von universellem Bewußtsein. Bewußtsein ist immer individuell. Der Buddhismus akzeptiert kein Konzept, wonach es ein allumfassendes Bewußtsein gibt, von dem unser persönliches Bewußtsein ein Teil wäre. Es ist sehr wichtig zu wissen, daß die Individualität auf jeder Ebene gilt, wie ich bereits erklärt habe. Es gibt nichts Kosmischeres, Universelles, das über dieses individuelle Bewußtsein hinausginge.

PM: Was ich meinte, ist, daß diesem Individuellen eine Expansion in das Universelle möglich ist. Dies ist im Individuellen angelegt. Lama Anagarika Govinda drückte dies folgendermaßen aus: „Individualität und Universalität sind nicht zwei sich gegenseitig ausschließende Werte, sondern zwei Seiten derselben Wirklichkeit, die sich gegenseitig ergänzen und vervollständigen und eins werden im Erlebnis der Erleuchtung. Dieses Erlebnis löst den Geist aber nicht in einem amorphen All auf, sondern bringt uns vielmehr zum Bewußtsein, daß das Individuum selbst die Ganzheit in seinem Kern in einem Punkt, wie in einem Brennpunkt, enthält. So wird die Welt, die bisher als eine äußere Wirklichkeit aufgefaßt wurde, verschmolzen oder integriert im erleuchteten Geist in jenem Augenblick, in dem die Universalität des Bewußtseins realisiert wird. Dies ist der höchste Augenblick der Befreiung von den Hindernissen und Fesseln der Unwissenheit und Illusion."[21]

DL: Hier müssen Sie zwei Dinge unterscheiden. Es ist nicht der Fall, daß man durch einen individuellen Entwicklungsprozeß, indem man das Potential seines individuellen Bewußtseins immer mehr verfeinert und stärkt, schließlich eine universelle Beherrschung allen Bewußtseins aller Wesen erlangt. Das ist nicht möglich. Was Sie aber erreichen, ist eine voll entwickelte Erkenntnisfähigkeit, die Allwissenheit. Dieser Zustand wird in den buddhistischen Texten oft so beschrieben, daß der Geist „alle Phänomene durchdringt". Das bedeutet aber nicht, daß der vollendet entwickelte individuelle Geist alle Phänomene beherrschen würde. Es bedeutet auch nicht, daß jedes individuelle Bewußtsein aus diesem Geist entstanden wäre. Es bedeutet vielmehr, daß der Geist eines Individuums nun vollkommen erleuchtet und damit allwissend ist. Sie erkennen alles; es gibt nichts mehr, was Ihr Geist nicht erkennen würde. Alles durchdringen heißt hier alles erkennen.

VI.
Geist und Körper

PM: Als Sie mit dem Leiter des deutschen Adyar-Verlages hier in Dharamsala über die Frage der Buddhaschaft sprachen, sagten Sie: „Wir Buddhisten glauben, daß ein Selbst existiert, das sich von diesem Leben zum nächsten, aber auch vom ‚normalen‘ Zustand zum Ziel der Buddhaschaft fortbewegt. Dieses Selbst bleibt also erhalten, sogar ein Buddha behält sein Selbst. Buddha Shakyamuni hatte seine individuelle Identität. Dieses Selbst ist vorhanden – ohne Anfang, ohne Ende. Im Unterschied zu den Darstellungen in der Philosophie der Hindu-Tradition, die Brahman, die Universalseele, postuliert, mit der sich im Moksha (der Befreiung, P. M.) die Individualseele vereint, wodurch letztere ihre eigene Identität verliert, glauben wir, daß die individuelle Identität, selbst die eines Buddha, erhalten bleibt."[22]

Können Sie sagen, wie Sie das Selbst in diesem Zusammenhang verstehen?

DL: Hier bezieht sich Selbst auf das fühlende Wesen, das heißt die Person, die als Benennung auf der Grundlage der fünf körperlichen und geistigen Aggregate existiert (und nicht auf das von den Buddhisten verneinte unabhängige oder absolute Selbst im Sinne des Atman).

Um ein Beispiel zu geben: Es kann keine Meinungsverschiedenheit darüber geben, ob sich in diesem Raum Menschen aufhalten oder nicht. Es ist ein Faktum, daß wir sechs Menschen in diesem Raum sind. Das ist Realität, keine Illusion. Auf dieser Basis können wir Liebe und Mitgefühl untereinander entwickeln; genauso können wir gegenseitig auch negative Gefühle hegen. Wenn solche positiven oder negativen Gefühle aufkommen, sind diese hauptsächlich auf die andere Person gerichtet, nicht auf ihren Körper, nicht auf ihren Geist. Worauf beziehen wir uns zum Beispiel, wenn wir von der Handlung des Tötens eines Menschen reden? Wir verurteilen diesen Akt, einem anderen Menschen das Leben zu nehmen. Obwohl der „Mensch", auf den wir uns dabei beziehen, nichts ist, auf das wir konkret zeigen könnten, ist der Mensch als Konvention ein allseits bekanntes Phänomen, und auf der Grundlage dieser als Konvention bekannten Existenz treffen wir die Aussage, daß es verwerflich ist, einen Menschen zu töten.

Untersuchen wir einmal in diesem Zusammenhang: Was ist das eigentliche Objekt, auf das wir uns beziehen, wenn wir von Menschen reden? Ist dieser Körper der Mensch? Die Antwort ist: Nein. Um das Leben eines Menschen aufrechtzuerhalten, mag es sogar notwendig sein, Teile des Körpers zu entfernen. Vielleicht muß ein Arm oder ein Bein amputiert werden, um das Leben zu retten. Beim Kopf ist es allerdings etwas anderes, den zu entfernen, wäre gewiß das endgültige Ende! Aber andere Körperteile können entfernt werden, als Mittel, um das Leben des Menschen zu retten. Und was den Geist angeht: Manchmal ist das Denken eines Menschen so rege und hochentwickelt, daß er durch sein Denken unglücklich wird. Deshalb kann es in manchen Fällen ratsam sein, mit entsprechenden Medikamenten die Wachheit und Aufgewecktheit des Geistes zu dämpfen, um das Wohlergehen des Menschen zu gewährleisten. Das ist ein Zeichen dafür, daß wir den Menschen auch nicht mit seinem Geist gleichsetzen können. Der Geist ist der Geist eines Menschen, aber nicht der Mensch selbst. Ebenso ist der Körper der Körper eines Menschen und nicht der Mensch selbst. Geist und Körper sind die

Grundlage des Menschen, nicht der Mensch selbst. Wir können also den Menschen bei der Analyse nicht finden, mit nichts Konkretem gleichsetzen.

Auch einige zeitgenössische Physiker sagen, daß es vom Standpunkt der Quantenphysik keine Wirklichkeit gibt. Wenn wir sehr genau und tief nach dem jeweiligen Phänomen suchen, ist es nicht auffindbar. Diese Physiker kommen zumindest für die materielle Welt zu dieser Auffassung, sie beziehen sich dabei nicht auf die Bewußtseinswelt, die nicht Gegenstand ihrer Analyse ist.

PM: David Bohm[23] sagt, daß selbst die Elementarteilchen Bewußtsein besitzen.

DL: Das ist kaum aufrechtzuerhalten. Aber wir müssen zuerst wissen, was die Bedeutung des Wortes „Bewußtsein" ist. Das ist ein schwieriges Thema. Es kann meiner Meinung nach Formen von subtiler Energie geben, die wir aber nicht unbedingt Bewußtsein nennen können. Es gibt subtile Energie, die mit Bewußtsein verbunden ist. Ebenso gibt es aber auch subtile Energie, die ohne Bewußtsein ist.

Was ich sagen will, ist: Wir können kein Selbst, keinen Menschen zusätzlich zu Körper und Geist bestimmen. Gleichzeitig ist es eindeutig, daß der Mensch existiert. Wenn wir analysieren und suchen, was wir letztlich als Mensch bezeichnen, können wir ihn nicht auffinden. Wenn wir diese Analyse nicht durchführen, ist der Mensch ganz offensichtlich existent. Daraus folgt: Der Mensch, mit anderen Worten das menschliche Selbst, existiert in Form einer begrifflichen Beifügung, die mit den fünf körperlichen und geistigen Aggregaten verbunden wird. Es ist dieses als Konvention existierende Selbst, das seit anfangsloser Zeit von Leben zu Leben geht.

VII.
Buddhistische Meditation
und buddhistische Lebensführung

PM: Meine nächste Frage ist eine sehr praxisbezogene. Im *Gesang der inneren Erfahrung*[24] und auch in einem Ihrer Gespräche mit Carl-Friedrich von Weizsäcker betonen Sie ausdrücklich die esoterischen Lehren. Sie erwähnen zum Beispiel, daß Milarepa[25] die Fähigkeit hatte zu fliegen, und fügen hinzu: „Und das sind keine Märchen." Mir scheint, daß es ein tiefes esoterisches Wissen im Buddhismus gibt, das wir im Westen nicht kennen, aber für unsere eigene Transformation nutzen könnten. Was könnten Sie oder die Buddhisten allgemein tun, um dieses Wissen der westlichen Welt zugänglich zu machen?

DL: Das ist kein leichtes Unterfangen; denn es bedarf einer Vielzahl von Übungen auf verschiedenen Ebenen. Wenn wir zum Beispiel von subtileren körperlichen und geistigen Ebenen sprechen, so sind diese nicht durch eine Meditation allein zu erreichen. Ich glaube aber, daß bestimmte Vorstufen auch von gewöhnlichen Menschen angewendet oder auch zu Versuchszwecken durchgeführt werden können; ähnlich werden ja auch Yoga-Übungen zum körperlichen Nutzen praktiziert. Doch sie müssen berücksichtigen, daß die Übungen Teil der buddhistischen Praxis insgesamt sind. Deshalb können die tiefergehenden Erfahrungen nicht erreicht werden, wenn nicht auch die übrigen Aspekte der buddhistischen Geistesschulung mit einbezogen werden. Dazu gehören zum Beispiel die Erkenntnis der Shunyata, der Leerheit, und die Schulung von Altruismus, des Bodhicitta. Ohne diese Aspekte ist es sehr fraglich, ob wirksame Resultate erreichbar sind.

PM: Das heißt, die esoterischen Übungen sind für den Rest der Welt nicht anwendbar?

DL: Das hat nichts mit Westen oder Osten zu tun. Der Punkt ist, daß man eine systematische, vollständige Übung benötigt, um die Resultate zu erreichen.

PM: Es gibt also keine Möglichkeit, im gewöhnlichen weltlichen Leben als (esoterischer) Buddhist zu leben? Müssen wir alle hierher kommen, um den Buddhismus ernsthaft unter lebenslanger Führung eines buddhistischen Meisters zu studieren?

DL: Das kann ich nicht sagen. Wie ich schon erwähnt habe, ist es gewiß möglich, anfängliche und vorbereitende Übungen anzuwenden. Wie weit es dann weitergehen kann, vermag ich nicht zu sagen. Das muß man ausprobieren. Ich glaube, daß man vielleicht auch ohne tiefgreifende Geistesschulung, also auch wenn man kein Buddhist ist, gewisse Resultate wie die Trennung von gröberen und feineren körperlichen Ebenen oder vielleicht auch die Kontrolle des Atems für ein paar Stunden erreichen kann.

PM: Eine ganz persönliche Frage: Wenn Sie Ihr Leben in dieser sehr außergewöhnlichen Inkarnation Revue passieren lassen: Was war Ihrer Meinung nach die tiefste Erfahrung von Liebe in Ihrem Leben? Welches Ereignis hat Sie am stärksten bewegt?

DL: Ich kann mich nicht an ein einzelnes Ereignis erinnern. Es sind hauptsächlich zwei Arten von tief bewegenden Erfahrungen, die häufiger auftreten. Zum einen bin ich sehr betroffen, wenn ich bedürftige, notleidende Menschen sehe oder auch arme, leidende Tiere, wie kleine Insekten und dergleichen. Dann entsteht ein tiefes Gefühl der Sorge und des Mitgefühls. Zum anderen kommt es häufiger vor, daß ich gefühlsmäßig sehr bewegt bin, wenn ich meditiere, und zwar hauptsächlich während analytischer Meditationen über Mitleid und dergleichen, oder auch, wenn ich buddhistische Unterweisungen gebe, in denen ich über den Wert und die Notwendigkeit von Mitleid und ähnlichen Eigenschaften spreche. Schon oft habe ich während öffentlicher Unterweisungen geweint.

PM: Geschieht dies im Zusammenhang mit Menschen, die zu Ihnen kommen und Sie um Rat und Führung für ihr Leben bitten und Sie das Gefühl haben, daß Sie ihnen auf ihrem Weg weiterhelfen können? Sind es solche Situationen, die diese Ergriffenheiten hervorrufen?

DL: Solche starken Gemütsbewegungen entstehen ganz einfach dann, wenn ich Leid sehe oder über den Wert des Mitleids nachdenke. Dazu gehören auch die Situationen, in denen ich mit Tibetern zusammentreffe, die aus Tibet geflüchtet sind und ihre persönlichen Leidenserfahrungen mitbringen. Sie setzen oft übergroßes Vertrauen in mich und erwarten von mir mehr Hilfe, als ich ihnen geben kann. Dann geht mit dem Mitgefühl ein Gefühl der Hilflosigkeit und Verzweiflung einher. Es wird mir deutlich bewußt, daß ich nicht viel helfen kann. Wenn Menschen ein starkes Vertrauen in mich setzen und mir mit großen Erwartungen begegnen, so wächst dadurch einerseits das Gefühl der Verantwortung, und andererseits werden mir die Grenzen deutlich. Dann verbindet sich in mir ein tief empfundenes Mitleid mit einem Gefühl der Hilflosigkeit. Oft empfinde ich Traurigkeit.

PM: Wenn Sie von Traurigkeit sprechen, so führt mich dies zu einer anderen Frage. Ein Satz von Ihnen, der mir sehr gefällt, lautet: ‚Wenn man traurig und verzweifelt ist, kann man die Wirklichkeit nicht verändern.‘ Sie haben das einmal gesagt.

DL: Das ist richtig. Es hilft nicht bei der Lösung des Problems selbst. Was ich gewöhnlich zum Ausdruck bringe, ist: Wenn Sie mit einem sogenannten Feind konfrontiert sind – ich sage ‚sogenannt‘, weil ich glaube, daß in einem tieferen Sinn alle Menschen Brüder und Schwestern sind; den Feind gibt es nur auf einer relativen Ebene –, nützen Ihnen die Gefühle von Haß und Übelwollen gar nichts. Mit dem Haß fügen Sie dem Feind keinen Schaden zu; Sie schaden nur ihrem eigenen Geistesfrieden und schließlich Ihrer eigenen Gesundheit. Ebenso helfen übergroße Beunruhigung, Angst und Verzweiflung nicht, um ein Problem zu beseitigen. Solche aufgewühlten oder depressiven Geisteszustände zerstören nur Ihre innere Ausgeglichenheit. Was noch schlimmer ist: Sie zerstören den besten Teil Ihres Verstandes, der die Situation ruhig und klar zu beurteilen vermag. So wird es noch schwieriger, das Problem zu überwinden.

PM: Was wäre Ihr geistiger Rat für die vielen Menschen,

besonders im Westen, die an Depressionen leiden? Wir sehen, daß Therapeuten große Schwierigkeiten haben, diesen Menschen zu helfen. Es sieht nicht so aus, als hätten sie eine Art praktisch anwendbarer Therapie für die Zukunft.

DL: Vom Standpunkt eines einfachen menschlichen Wesens, nicht als Buddhist, nicht als Gläubiger einer Religion, sage ich den Menschen immer wieder: Ich bin überzeugt, daß die menschliche Natur an sich positiv ist, daß sie grundlegend etwas Reines ist. Schon von Geburt an besitzen wir das Potential für alle guten Eigenschaften. Dieses Potential zu erkennen, ist die Grundlage für Selbstvertrauen. Menschen, die sich in einer schwierigen psychischen Lage befinden, neigen gewöhnlich dazu, nur die negative Seite der Situation zu sehen. Zudem betrachten sie ihre Situation nicht aus einer größeren Perspektive. Hier gilt es, zwei Dinge zu bedenken: Ein Ereignis mag noch so tragisch sein, es gibt immer auch einige positive Aspekte. Die Dinge sind relativ. Deshalb sollte man versuchen, die Situation auch aus einem anderen Blickwinkel zu betrachten. Eine andere Möglichkeit, den Blick auf die Situation zu erweitern, entsteht aus dem Verständnis, daß sich nicht nur dieser eine Mensch Problemen gegenübersieht, sondern weitaus mehr Menschen das gleiche oder noch schwierigere Probleme erleben. Der persönliche Fall ist nicht einzigartig. Ich glaube, depressive Menschen haben das Gefühl, als seien sie die einzigen unglücklichen Menschen auf der Welt und als sei ihr Fall im Vergleich zur Situation der anderen hoffnungslos. Doch tatsächlich gibt es viele andere Menschen, die mit noch mehr

Schwierigkeiten, Problemen und Leiden konfrontiert sind. Diese Überlegungen tragen dazu bei, den depressiven Zustand zu lindern.

PM: Eine andere Frage. Sie hängt mit Informationen zusammen, auf die ich gestoßen bin, als ich eine Biographie Krishnamurtis geschrieben habe. Sie haben ihn 1985 getroffen, ...

DL: Ja, ich habe ihn einige Male getroffen.

PM: ... aber unglücklicherweise war dies gerade die Zeit, als Indira Gandhi ermordet wurde. Ich las in den Unterlagen Krishnamurtis, daß er mit Ihnen an jenem Abend über das Thema religiöser Traditionen und besonders religiöser Rituale diskutieren wollte. Er stand dem sehr kritisch gegenüber. Was ist Ihre Meinung über Krishnamurtis Kritik an jeder Art von religiöser Tradition?

DL (lacht): Ich weiß nicht! Ich glaube, manchmal ist seine Vorgehensweise zu sehr auf die Seite der Negation konzentriert. Mit der Frau des Wissenschaftlers David Bohm, die mit Krishnamurti eng befreundet war, führte ich einmal ein Gespräch über die buddhistische Erklärung der endgültigen Realität – die Leerheit oder *shunyata.* Insbesondere nach der Darstellung Nagarjunas[26] ist die Leerheit eine bloße Negation. Doch diese Leerheit ist die bloße Negation von unabhängiger Existenz; und das bedeutet auch, daß die Dinge eine relative Natur besitzen und auf abhängige Weise existieren. Weil ihre Natur eine abhängige ist, ist ihre Natur frei oder leer von unabhängiger Existenz. Leerheit bedeutet also nicht einfach Nichts. Nagarjuna weist nachdrücklich auf beide Seiten hin: die abhängige Existenz, die ein positives Phänomen ist, und die Leerheit, welche ein negatives Phänomen ist. Als wir darüber sprachen, sagte mir Frau Bohm, nach Krishnamurtis Erklärung schien es ihr, als gäbe es nur Leere, Leere, Leere und nichts positiv Vorhandenes. Doch nach der Darstellung des Dalai Lama gebe es nicht einfach ein Nichts, sondern etwas Positives. Ich spreche jetzt nicht speziell über Krishnamurtis Philosophie; es scheint mir, daß über die Jahrhunderte einige Teile der Philosophie nichts anderes ausdrückten als Kritik und Negation. Ich glaube, auch das beschreibt eine Form des Nichts; und wenn der Geist ausschließlich auf die Negation gerichtet bleibt, mag dies zu einer Art Hoffnungslosigkeit führen. Dies hilft nicht viel weiter. Die andere Kategorie der Philosophie erklärt die endgültige Wirklichkeit nicht nur als eine bloße Leere, sondern betont, daß auf der relativen, konventionellen Ebene der gesamte Bereich der Existenz möglich ist und alle nützlichen und schädlichen Phänomene und Vorgänge Gültigkeit besitzen. Diese Philosophie ist ausgewogener; diese Vorgehensweise erscheint mir vollständiger.

PM: Ich denke, Krishnamurti würde mit Ihnen in Ihrer Definition der *shunyata,* der Leerheit, und in anderen Dingen übereinstimmen. Seine Kritik war, daß die Bindung an eine traditionelle Religion nur zu einer falschen Vorstellung dessen führte, was er die Wahrheit nannte. In meiner Biographie kritisierte ich ihn, weil er meines Erachtens zuviel aufgegeben hat. Er sprach von einer

Ebene hoher Erkenntnis, und die normalen Menschen leben *hier*; und er hatte keine Mittel, um diese beiden Ebenen zu verbinden.

DL: Wie dem auch sei, ich bin ein Buddhist. Bitte verzeihen Sie, daß ich das sage, aber ich verlasse mich sehr stark auf die Lehre des Buddha. Natürlich habe ich gleichzeitig die Freiheit, zu untersuchen und zu prüfen, auch wenn es sich um die Worte des Buddha handelt. Denn die grundlegende buddhistische Einstellung, besonders im Mahayana-Buddhismus, ist die, daß man sich vorrangig auf Untersuchung und Experiment verlassen sollte anstatt auf Worte; das gilt auch für das Wort des Buddha. Wenn sich herausstellt, daß die Worte im Widerspruch zum Existierenden oder zur Erfahrung stehen, so haben wir die Freiheit – selbst im Falle der Worte des Buddha –, diese Worte nicht anzunehmen; denn die Wirklichkeit ist wichtiger. Unbeschadet dieser Freiheit bevorzuge ich die Vorgehensweise Nagarjunas. Ich glaube, um die tiefere Natur der Wirklichkeit zu erkennen, ist die Methode der Untersuchung und der Argumentation äußerst nützlich, die er und seine Nachfolger, wie Candrakirti[27], anwenden. Deshalb mache ich mir diese Methoden zu eigen. Wollte ich diese Methoden zurückweisen und sagen, die Erfahrungen aller dieser großen Lehrer und Meister seien irgendwie falsch, dann brächte ich damit zum Ausdruck, daß ich noch klüger und fortgeschrittener wäre als sie. Das ist schwer zu behaupten. Außerdem bin ich überzeugt, daß diese großen vergangenen Meister auch einen außerordentlich scharfen Verstand besaßen.

PM: In einem Dialog, den Sie mit Professor Renée Weber von der Princeton University in Amerika führten und der in dem Buch *Wissenschaftler und Weise*[28] veröffentlicht wurde, sprachen Sie einen interessanten Satz über das Selbst. Sie sagten: ‚Es gibt ein bloßes Ich, ein bloßes Selbst, in bezug zu dem man die Begriffe ‚mein vorheriges Leben‘ und ‚mein zukünftiges Leben‘ gebrauchen kann. Das bloße Ich existierte im vorherigen Leben, es existiert in diesem Leben, und es wird im nächsten Leben existieren. Das Ich von gestern, das Ich von Heute und das Ich von morgen sind in gewisser Hinsicht dasselbe Ich; anders betrachtet aber existiert das Ich von gestern nicht mehr, es ist tatsächlich vergangen; und das Ich von morgen muß erst noch entstehen. Doch im Ganzen gesehen existiert das Kontinuum des Ich von Moment zu Moment während dieses gesamten Prozesses.‘ Meine Frage ist nun: Nach dem, was ich von Ihnen gehört habe, unterscheidet sich Ihre Herangehensweise an das Selbst etwas von dem, was ich vom Buddhismus verstanden habe. Wenn der tiefste Sinn des Lebens der ist, Glück zu erlangen, dann muß es doch jemanden geben, der dieses Glück erlebt.

DL: Ja genau, das ist das Ich!

PM: Aber wie kann dies mit der Philosophie des Nicht-Selbst, des Nicht-Atman vereinbar sein?

DL: Da gibt es keine Schwierigkeit. Die Philosophie des Nicht-Selbst verneint keinesfalls in irgendeiner Weise die Existenz des Ich. Sie ist hauptsächlich eine Antwort auf nicht-buddhistische Philosophen, die die Ansicht vertreten, man könne außerhalb von Körper und Geist eine Art Besitzer dieses Körpers und Geistes bestimmen. Ein solches Selbst wird als *atman* bezeichnet. Sie sagen, der *atman* sei etwas Beständiges, Unwandelbares; und wenn man nicht annähme, daß ein *atman* getrennt von Körper und Geist existierte, so gäbe es keine Möglichkeit, die Lehre von der Wiedergeburt zu akzeptieren. Das ist ihr philosophisches Konzept. Die Schwierigkeiten, diese Theorie aufrechtzuerhalten, ergeben sich daraus, daß sie nicht in der Lage waren, ein bloßes Ich anzunehmen. (Das Wort „bloß" bedeutet dabei, daß das Ich – wie jedes andere Phänomen – ausschließlich abhängig existent ist; es schließt jede Form eines unabhängigen, inhärenten Seins aus). Nun, aus buddhistischer Sicht gibt es ein solches bloßes Ich. Wir können zum Beispiel sagen, daß wir hier im Raum fünf Personen sind, vier männliche Personen und eine weibliche Person. Der Begriff der Person, den wir benutzen, wenn wir sagen, daß wir fünf Personen sind, umfaßt also sowohl Männer als auch Frauen. In diesem Zusammenhang gibt es die Problematik, die Existenz des Allgemeinen und dessen Verhältnis zu den besonderen Einzelfällen zu erklären. Zu diesem Thema gibt es viele Theorien und Auseinandersetzungen. Doch als Buddhisten akzeptieren wir die bloße Person. Es gibt ein allgemeines Phänomen Person, und wir fünf Menschen gehören alle zu dieser Kategorie der Person. Nur weil es diese allgemeine Kategorie gibt, können wir überhaupt jemandem die Frage beantworten, ob sich hier im Raum eine Person befindet oder nicht. Wir können miteinander kommunizieren und uns verständigen. Doch wenn wir analysieren, was genau diese Person ist, so können wir sie nicht finden. Diese

Tatsache zeigt, daß es ein bloßes Ich gibt. Betrachten wir nun eine besondere Person, so können wir außer diesem Körper und Geist nichts als das Ich oder das Selbst bestimmen. Das Selbst ist daher eine bloße Benennung in Relation zu der Kombination von Körper und Geist. Weil es nur benannt ist, gibt es kein unabhängiges, von Körper und Geist substantiell verschiedenes Ich oder Selbst. Die buddhistische Schlußfolgerung ist daher, daß das Ich ein *bloßes* Ich ist, das als Benennung auf der Grundlage der Kombination der fünf körperlichen und geistigen Aggregate, der *skandhas*[29], existiert; mit anderen Worten auf der Grundlage der Kombination von Körper und Geist.

Wenn wir von Körper und Geist reden, so ist damit allerdings nicht nur dieser grobstoffliche, sichtbare Körper und die grobe Ebene des Geistes gemeint; es gibt darüber hinaus noch subtilere Ebenen von Körper und Geist. Diese subtileren Ebenen existieren selbst dann noch, wenn sich der sichtbare, solide Körper und die grobe Ebene des Geistes aufgelöst haben. So besteht selbst dann die Grundlage des bloßen Ich weiter. Wenn wir nun nicht zwischen den gröberen Ebenen und den subtileren Ebenen von Körper und Geist differenzieren, können wir allgemein sagen, daß immer ein Kontinuum von Körper und Geist besteht. Dieses Kontinuum ist die Grundlage des bloßen Ich, das seit anfangsloser Zeit existiert. In einzelnen Existenzen können sich dann aufgrund des ununterbrochenen Kontinuums des subtilen Körpers und des subtilen Geistes zeitweilig ein grobstofflicher, solider Körper und gröbere Ebenen des Geistes entwickeln, wie wir sie jetzt besitzen.

PM: Dieser Prozeß ist anfangslos; ist er auch endlos?

DL: Vom Standpunkt des Mahayana-Buddhismus ist er auch endlos. Dagegen nimmt das Theravada-System an, daß es keine weitere Fortsetzung des Ich gibt, wenn jemand die Buddhaschaft erreicht hat und dann stirbt. Das ist die Lehrmeinung der Vaibhasika-Schule. Doch die Cittamatra- und Madhyamaka-Schule im Mahayana vertreten die Meinung, daß das Kontinuum des Geistes weitergeht. Die grundlegende Theorie dabei ist: Auf der subtilen Ebene, der Ebene seiner eigentlichen Natur, ist der Geist rein. Weil die grundlegende Natur des Geistes rein ist, gibt es keinen Grund für die Annahme, daß der Geist selbst auch aufhören müßte, wenn alle Befleckungen zu einem Ende gebracht wurden und der Geist vollkommen geläutert ist. Der Geist besteht weiter. Genauso setzt sich auch die Materie in verschiedenen Formen immer weiter fort. Das Kontinuum ist anfangslos, und es hat kein Ende.

Betrachten wir den Begriff des Ich etwas näher. Nehmen Sie meine Person als Beispiel. Ich kann sagen, daß ich ein buddhistischer Mönch bin. Doch als ich fünf Jahre alt war, hätte ich das nicht von mir sagen können. Außerdem bin ich ein Tibeter. Dieses Ich existiert seit meiner Geburt; es war schon da, aber das Ich, welches Mönch ist, war noch nicht entwickelt. Im Alter von sieben Jahren nahm ich das Mönchsgelübde. Zu dem Zeitpunkt begann das Ich, das ein Mönch ist. Nun bin ich ein Flüchtling. Das Ich als Flüchtling existiert erst nach dem Beginn des Jahres 1959. Ich kann also festhalten: Das Ich, welches ein Mensch ist, ist sozusagen ein größeres Ich. Das Ich, welches schon zur Zeit meines vorherigen Lebens existierte, ist noch größer. Das Ich dieses Lebens ist kürzer. Innerhalb dieses Ichs ist das Mönchs-Ich wiederum kürzer, und das Flüchtlings-Ich ist noch kürzer. Daran können Sie erkennen, daß auf einer Grundlage viele Attribute als Benennungen existieren, die von einer Entität, aber begrifflich verschieden sind.

Wir nehmen also im Buddhismus den Begriff des „Bloßen" an, (der die relative, abhängige Gültigkeit der Phänomene bestätigt und jede unabhängige, inhärente Existenz der Phänomene verneint). Wir nehmen jeweils ein „bloßes" Phänomen an; und auf diese Weise existiert auch das Ich als Benennung abhängig von Körper und Geist. In dieser Weise sind alle die verschiedenen Dinge und Vorgänge möglich. Doch wenn wir eine Art solider, unabhängiger Basis benötigten, müßten in meinem Fall heute tatsächlich drei substantiell verschiedene Ichs existieren: das Ich, das von Geburt an besteht, also das Ich als Tibeter; dann das Ich als Mönch; und schließlich das Ich als Flüchtling. In Wirklichkeit ist das nicht der Fall; es gibt nur ein Ich, das aber vielfältige Aspekte besitzen kann. In dieser Weise können wir akzeptieren, daß es ein Tibeter-Ich, ein Mönchs-Ich und ein Flüchtlings-Ich gibt.

In diesem Zusammenhang gibt es auch einen Unterschied zwischen der unmittelbaren Wahrnehmung und dem begrifflichen Denken bei dem Akt der Erkenntnis zu beachten. Es wird gesagt, daß sprachliche und gedankliche Begriffe selektiv, durch Ausschluß operieren, während die unmittelbare Wahrnehmung in bestätigender Weise das Objekt erkennt. Um ein Beispiel zu geben: Wenn ich auf eine Blume schaue, so sieht das

Augenbewußtsein tatsächlich die Farben, die Gestalt und auch andere Aspekte, wie die momentane Veränderung der Blume, obgleich sich das geistige Bewußtsein dieser vielfältigen Aspekte nicht unbedingt bewußt wird. Es wird angenommen, daß sämtliche Attribute der Blume den Sinnen erscheinen. Mit anderen Worten, das Objekt wird als Ganzes wahrgenommen, aber nicht unbedingt bewußt festgestellt. Der Erkenntnisvorgang des begrifflichen Denkens ist anders beschaffen. Das Denken operiert ähnlich wie Worte. Wenn ich zum Beispiel an die Farbe der Blume denke, so greift dieser gedankliche Begriff der Farbe nur einen Aspekt heraus, obwohl es noch viele andere Aspekte gibt, wie die Farbenvielfalt, die Gestalt, den Geruch, die augenblicklichen Veränderungen und ähnliches. Das gleiche gilt für das Wort ,Farbe'. Es greift nur eine der Eigenschaften heraus und beschreibt nicht deren Gesamtheit. Gedanken und Worte beziehen sich nur auf einen einzigen Teil, wobei sie alle anderen Aspekte ausschließen. Deshalb werden sie als Subjekte bezeichnet, die ausschließend oder selektiv operieren. Dagegen erfaßt eine unmittelbare Wahrnehmung, wie beispielsweise das Augenbewußtsein, das ganze Objekt und wird daher als Subjekt bezeichnet, das bestätigend agiert.

Auch das Ich hat vielfältige Aspekte. Doch wenn wir das Wort „Ich" benutzen, beziehen wir uns nur auf einen Teil.

Vielen Dank.

VIII.
Mitgefühl als Feld und Leere

Seine Heiligkeit, der Dalai Lama von Tibet, im Gespräch mit Renée Weber

Das Interview fand an einem frischen Julimorgen in Olcott statt, dem von Bäumen umgebenen Gelände der Theosophischen Gesellschaft von Amerika in Wheaton, Illinois, am Tag, bevor der Dalai Lama einige Vorträge vor einem sachverständigen Publikum zu halten hatte, das in dieser kleinen Stadt im amerikanischen Mittelwesten zusammengekommen war. Während des folgenden Abendvortrages sprach er sich vor ca. 850 Menschen, unter denen sich interessierte Laien und Gelehrte der nahen Universität von Chicago und anderer Universitäten der Gegend befanden, für universelle Toleranz und Mitgefühl aus.

Ihn begleiteten eine Reihe anderer Mönche, seine Mitarbeiter aus dem Tibetbüro in New York und Dr. Jeffrey Hopkins, ein buddhistischer Gelehrter der Universität von Virginia, der als Übersetzer für den Dalai Lama fungierte, wenn ein besonders diffiziles metaphysisches Thema diskutiert wurde. Die Beziehung zwischen beiden war unkompliziert und so aufeinander abgestimmt, daß die Konversation kaum merklich vom Englischen in das Tibetische und zurück ins Englische ging. Ich konnte das gleiche Talent des Dalai Lama, vor einem sehr großen Publikum zu reden, drei Jahre später im Amherst College beobachten, wo er eine fünftägige Konferenz über „äußere und innere Wissenschaft" leitete.

In dem vorliegenden Dialog konzentriert sich der Dalai Lama auf eine der fundamentalen und schwierigsten aller buddhistischen Auffassungen: die Leerheit oder

„Leere" *(shunya)*. Mit diesem Ausdruck bezeichnet man den nichtbedingten Grund allen Seins (verwandt mit dem Urgrund aus David Bohms supra-impliziter Ordnung), über den wir uns nur in Symbolen verständigen können. Die Menschen vermögen ihn als Zustand undifferenzierter Einheit jenseits aller Subjekt-Objekt Differenzierung und jenseits von Raum und Zeit zu erfahren. Die Buddhisten verstehen ihn als höchsten Bewußtseinszustand, in dem die letzte Wirklichkeit direkt erfahren wird. Buddha bezeichnete ihn als Zustand, der „nicht geboren, nicht gemacht und nicht geschaffen" wurde, der jenseits der Ausdrucksfähigkeit der menschlichen Sprache und des menschlichen Denkens liegt, womit er dem nahe zu kommen scheint, was Kant als „das Numinose" umschrieb. Aus diesem Zustand der Ganzheit resultiert wirkliches Mitgefühl. Mitgefühl – der zentrale ethische Wert im Buddhismus – darf daher nicht als bloße Emotion, sondern vielmehr als eine Kraft, die in der Wirklichkeit selbst verankert ist, verstanden werden.

In diesem Gespräch verdeutlicht der Dalai Lama auch die Idee des *Karma*, der buddhistischen Theorie von Aktion und Reaktion oder der universalen Verursachung. Wie Lama Govinda betont er eher die starke Verbindung des Karma mit der Intention und weniger die Verknüpfung mit dem Resultat unseres Handelns. Während eines früheren Gespräches erklärte mir der Dalai Lama, er empfinde keinen Haß für die Chinesen, die sein Land überfallen, seine Leute vertrieben und sogar die Klöster durch Folter und Mord zerstört haben. Er verstehe die Tragödie, wie er betonte, als eine Herausforderung und Gelegenheit, Mitgefühl zu praktizieren.

Er erklärte, im Buddhismus sei „die Art zu lieben eine Liebe, die man auch für jemanden besitzen kann, der einem Schaden zufügte". Dieser Sinn für Direktheit und Mitgefühl waren die herausragenden Eindrücke, die ich von diesem Menschen gewonnen habe, der gesagt hat: „Meine Religion ist sehr einfach – meine Religion heißt Freundlichkeit."

RW: Können wir über das Mitgefühl sprechen? Was ermöglicht Mitgefühl, diese Form nicht-bedingter Liebe, von der Sie sprechen? Kann es durch bloße Absicht oder den Willen, mitfühlend zu sein, entstehen?

DL: Beide Faktoren sind daran beteiligt. Erstens sollte man den Willen dazu aufbringen und sich dann ständig bemühen, auf diese Weise zu denken. Im allgemeinen ist der Hauptpunkt der, daß wir durch unsere eigene Erfahrung die Bedeutung von Freundlichkeit erkennen können. Wenn sich jemand uns gegenüber freundlich verhält, schätzen wir das sehr. Wenn wir jemandem gegenüber ein freundliches Verhalten zeigen, wissen wir aus unserer eigenen Erfahrung heraus, daß jener dies sicherlich ähnlich schätzen wird. Wir streben in unserem eigenen Bereich, auf internationaler Ebene, auf individueller familiärer Ebene, Frieden und Harmonie an, und beide beruhen auf Freundlichkeit und vernunftgemäßem Denken. Das gilt für die Menschen ganz allgemein, ob sie nun Gläubige oder Nichtgläubige sind. Auf diese Weise kultiviert man die Freundlichkeit.

Für die Gläubigen gibt es vielleicht mehrere Gründe und Techniken, unterschiedliche Wege, sich darin zu üben. Wenn jemand der Theorie von einem Gott zuneigt, der Theorie eines Schöpfers, besteht für ihn die ganze Menschheit aus Geschwistern eines Vaters. Auch mit unserem gesunden Menschenverstand fassen wir eine Familie, in der zwei Geschwister miteinander streiten, als etwas Negatives auf, und jeder kennt streitende Geschwister. Damit kann es keinen anderen Weg geben, als den, die Eintracht zu leben und für einander im wahren Sinne Brüder zu sein, da alle Männer und Frauen Kinder eines Schöpfers sind. Wenn man Gott einmal als die höchste Wirklichkeit oder höchste Macht akzeptiert hat, ist es einleuchtend, daß es unsere Pflicht ist, den Wünschen Gottes entsprechend zu handeln. Da Gott die Menschheit geschaffen hat, dienen wir einem Teil Gottes, wenn wir der Menschheit dienen. Wir vermögen Gott nicht zu berühren, nicht zu sehen. Und nur zu beten, scheint uns nicht genug. Die Liebe zu Gott, die sich in Handeln ausdrückt, wird zum Dienst an der Menschheit.

Nun akzeptieren andere Gläubige (wie die Buddhisten oder die Jainas) nicht die Vorstellung eines Schöpfers. Sie glauben an die Selbstschöpfung. Wir akzeptieren die Theorie der Wiedergeburt, die Theorie von Ursache und Wirkung, das Karma, das von unserem eigenen Willen geschaffen wird. Wir möchten glücklich sein. Das Ergebnis, das Glück, stammt aus guten Ursachen oder guten Taten. Wenn man glücklich sein möchte, muß man die Ursache für das Glück selbst schaffen. Auch unsere ferne Zukunft hängt ab von unserem gegenwärtigen Leben. Dieses Leben wird maximal hundert Jahre bestehen. Verglichen mit der unbestimmt langen Zukunft sind hundert Jahre sehr kurz. Daraus können Sie erkennen, daß es vielleicht für hundert Jahre einen maximalen Gewinn gibt, wenn sich Ihr ganzes Denken auf Wohlstand und materielle Dinge (aller Wohlstand gehört in dieses Leben) konzentriert. Darüber hinaus bringt Ihnen das nichts. Wenn Sie diesen Planeten, diesen Körper verlassen, werden Sie keinen einzigen Pfennig mitnehmen können. Ihr ganzes Geld, egal wieviel, können Sie nicht mitnehmen. Das einzige, was Sie begleitet, sind Ihre *Verdienste (Verdienste* entsprechen im Buddhismus dem guten Karma, welches aus selbstlosem Handeln resultiert, die sich in einem oder mehreren Leben anhäufen). Also muß man das gegenwärtige Leben maximal nutzen, um aus dieser unbegrenzten Zukunft eine günstige Zukunft zu machen. Das heißt, Verdienste zu erwerben. Der beste Weg, um Verdienste zu erwerben, ist der Dienst an anderen. Die beste Sicherung der Verdienste geschieht durch die Kontrolle des Zorns. Zorn zerstört. Der Zorn zerstört eine große Menge an Verdiensten. Wenn man dementsprechend denkt – denkt, denkt, denkt – dann erhält man mehr Vertrauen, mehr Überzeugung, und es wird möglich, dies alles aus eigener Überzeugung zu tun.

RW: Ich kann verstehen, daß wir die Welt verändern würden, wenn wir wirklich miteinander freundlich umgingen, selbst im normalen täglichen Leben. Aber eine Art von Überhöflichkeit kann nur ein Teilresultat unserer Entscheidungen und unseres Denkens über die Welt sein. Erfordert diese Art von Mitgefühl, von der Sie sprechen, etwas Tiefergehendes, wie eine direkte Harmonie mit der eigenen Buddha-Natur?

DL: Ich meine nicht. Wenn ich spreche, werde ich am

Anfang sicherlich von einigen buddhistischen Vorstellungen beeinflußt. Aber in dem Moment, in dem ich mich selbst äußere, denke ich nicht als Buddhist, sondern als Mensch.

RW: Ganz gleich, wie wir es nennen, kommt es doch selten vor. Sie haben von der Liebe gesprochen, die man sogar für seine Feinde empfinden sollte.

DL: Richtig.

RW: Das ist für die meisten Menschen sehr schwierig. Meine Frage ist: Was ermöglicht den wenigen, die diese Feindesliebe wirklich aufbringen, dieses Verhalten?

DL: Wenn wir Ereignisse genau analysieren, sehen wir, daß Feinde nicht für immer und ewig existieren. Aus chinesischer Sicht waren die Vereinigten Staaten in früheren Jahren der Feind Nummer eins. Aber jetzt sind sie Freunde geworden. Also muß man nach dem Punkt streben, der Vorteile bringt. Wenn man mehr Vorteile aufgrund eines feindseligen Verhaltens erhält, lohnt es sich, ein feindseliges Verhalten zu zeigen. Glaubt man, es sei vorteilhafter, eine freundliche Haltung einzunehmen, sollte man dies tun. Daher tritt bei Politikern, auch bei den chinesischen Kommunisten, den Russen oder allen anderen, diese Haltung nicht unmotiviert auf. Es gibt vielleicht einige Ausnahmen, aber im allgemeinen ändert sich das Verhalten aufgrund von Überlegungen, durch Abwägen von Sachverhalten. Wenn wir uns anderen gegenüber feindselig verhalten und Haß erzeugen, wird das Endergebnis mit Sicherheit, von einer umfassenden und tiefergehenden Perspektive aus betrachtet, negativ sein. Wenn wir das verstanden haben, erkennen wir, daß ein feindseliges Verhalten nicht gut ist. Es ist bei weitem besser, eine freundliche Haltung einzunehmen. Dies gilt auch, wenn ein Mensch nach unserer Einschätzung, eine falsche Haltung einnimmt, und man daher schließen könnte, man habe unter diesen besonderen Umständen eine harte, feindselige Haltung einzunehmen. Aber wenn man dies überdenkt, eher langfristige Interessen im Auge behält, stellt man fest, daß man mit Freundlichkeit viel weiter kommt und trotz der Einstellung des anderen eine freundliche Haltung zeigen sollte. So meine ich jedenfalls.

RW: Sie sagen, es handele sich nicht um oberflächliche Höflichkeit, sondern die Menschen – selbst Politiker – entdeckten durch eine umfassendere Sicht der Dinge den Vorteil eines freundlicheren Verhaltens. Sie erkennen, daß sich die Dinge besser durch Kooperation als durch Konflikt regeln lassen.

DL: Ja.

RW: Daher nehmen sie ein freundlicheres Verhalten ein, nicht notwendigerweise weil ihnen mystische Einsichten zu der Einheit des Lebens zuteil wurden. Stimmt das so?

DL: Richtig. Trotz ihres Unwillens werden sie durch die Umstände gezwungen, eine freundlichere Haltung einzunehmen. Kein spiritueller Grund oder ein Erspüren der „Buddha-Natur" oder dergleichen. Sie haben nur an ihren größeren Vorteil gedacht, nicht an ein zukünftiges Leben, nicht an Gott, nicht an Buddha, sondern als Menschen und vom Standpunkt des Menschen aus. Die Umstände selbst teilen uns mit: Verursacht keinen Haß mehr. Ihr braucht Freundlichkeit und Harmonie. Das ist meine Einstellung dazu, und so nähere ich mich ihr auf dieser Ebene und auf diese Weise an.

RW: Aber wenn das Motiv so lautet, erwirbt man trotzdem karmische Verdienste, denn dann benutzt man die Freundlichkeit doch nur als Mittel und in berechnender Art und Weise?

DL: Lassen Sie uns dies untersuchen. Es gibt Handlungen, die ohne Motiv ausgeführt werden und solche, die geplant wurden, aber noch nicht zur Ausführung gelangt sind. Weiterhin kann man Handlungen unterscheiden, die mit Absicht getan werden und solche, die keinem von alledem entsprechen. Also haben sie vom spirituellen Standpunkt aus betrachtet etwas Gutes getan, aber es geschah nicht aus religiöser Motivation (Bodhicitta).

Der Fall, über den wir diskutiert haben, gehört zur Kategorie, in der man Gutes getan hat, woraus Gutes resultiert, zumindest nicht Schlechtes (Lachen). Es ist gut.

RW: Es hilft natürlich der Welt, aber ist es auch besser für das Individuum, das diese Berechnungen anstellt?

DL: Wenn die Welt Frieden erhält, erfährt dieser Mensch

auch Frieden. Auch wenn er nicht gläubig ist, wird ihm durch diese Handlung etwas Gutes zuteil.

RW: Es bewegt die Menschen zutiefst, wenn sie Sie über Liebe und Mitgefühl den Feinden gegenüber sprechen hören. Ich kann z. B. verstehen, daß man für einen Feind, der im Gefängnis sitzt, nicht Vergeltung und Rache fordern sollte. Aber es scheint mir schwerer zu verstehen, wie Liebe und Mitgefühl für einen Feind aufkommen können, der noch mächtig ist und fortfährt, anderen zu schaden. Wie kann man solche Menschen lieben?

DL: Für jemanden, der an Gott glaubt, gelten die Gründe, die schon zuvor genannt worden sind. Sie mögen aber auch erkennen, daß seine Handlungen in gewisser Weise gegen den Willen Gottes gerichtet sind, und Sie von diesem Standpunkt aus gesehen für denjenigen, der gesündigt hat, mehr Mitgefühl aufbringen.

RW: Während er gerade dabei ist, so zu handeln?

DL: Richtig. Als Buddhisten berücksichtigen wir nicht nur dieses Leben, sondern auch zukünftige. Von diesem Standpunkt aus gesehen, häuft dieser Mensch schlechtes Karma an. In der Zukunft wird er den Konsequenzen gegenüberstehen. Wenn Sie dies feststellen, werden Sie ihm mit mehr Mitgefühl begegnen. Alles hängt davon ab, wie klar Sie selbst die Folgen schlechter Taten erkennen. Wenn Sie eine größere Vorstellungsfähigkeit besitzen, werden Sie über sein Verhalten noch mehr besorgt sein.

RW: Wie sehen Sie die Frage, inwiefern man Schritte ergreifen sollte, um dessen Handlungen zu unterbinden?

DL: Theoretisch gesehen, mag Gewalt unter seltenen und besonderen Umständen akzeptabel sein. Das wird aus einer der Geschichten um Buddha deutlich, die als Gedicht überliefert wurde. Es gab einmal den Kapitän eines Schiffes, auf dem sich 500 Händler befanden, und unter diesen 500 war einer, der die anderen 499 Händler töten wollte, um an deren Besitz und Wohlstand zu kommen. Der Kapitän war eine der früheren Inkarnationen Buddhas; in einem früheren Leben war er ein Bodhisattva, aber noch kein Buddha. Er warnte davor, derartige Gedanken zu realisieren. Trotz mehrerer Warnungen hörte dieser Zeitgenosse nicht auf den Buddha, gab seine Pläne nicht auf, sondern feilte sie noch aus. Da entschied sich der Kapitän zu handeln, um die 499 Menschen zu retten und die Sünde des Mordes an 499 Menschen zu verhindern, indem er diesen einen Menschen tötete. Um diesen Menschen zu retten, beging er selbst eine Sünde, nämlich die Tötung dieses Menschen. Er tötete diesen Menschen aus diesem Motiv heraus und unter diesen Umständen. Theoretisch gesehen ist dies absolut richtig. Wenn man diesen Menschen seinen Plan hätte ausführen lassen, hätte er die Sünde begangen, 499 Menschen zu töten und wäre später mit den schlimmen Folgen konfrontiert worden. Durch seinen Tod wurde sein gegenwärtiges Leben verkürzt, weiter nichts. Mit den schwerwiegenderen Konsequenzen seiner geplanten Tat verglichen, verblaßt dieses Leiden. Der Kapitän besaß keine selbstsüchtigen Motive, wie „Ich möchte nicht töten", was in diesem seltenen Fall ein selbstsüchtiges Motiv gewesen wäre. Also handelte er.

So ist Gewalt unter bestimmten Umständen, und wenn sie wirklich auf reinen Motiven beruht, erlaubt, um die schlechten Taten anderer zu verhindern. Es mag beispielsweise notwendig sein, um Handlungen anderer zu unterbinden, tatkräftig und mit Gewalt zu reagieren. Aber man sollte dabei nicht sein äußerstes Mitgefühl und seine mitfühlenden Gedanken verlieren. Sehen Sie, es lassen sich zwei Arten der Motivation unterscheiden: eine, die ursächlich bedingt ist und eine andere, die zur Zeit der tatsächlichen Handlung aufkommt. Die spontane Motivation und die distanzierte Motivation. Die distanzierte oder ursächliche Motivation wird durch Mitgefühl und Liebe ausgedrückt. Die spontane Motivation entspricht einer Art von Zorn. Dieser Zorn selbst ist ohne Zweifel schlecht; aber um aus spontaner Motivation heraus tatkräftig zu handeln, ist bisweilen Zorn nötig. Hier liegt die Hauptursache für zornige Gottheiten.

RW: Im *Tibetischen Totenbuch?*

DL: Richtig, richtig.

RW: Diese Geschichte zeigt uns, daß es selbstsüchtiger gewesen wäre, *nicht* zu töten, um selbst rein zu bleiben, und es damit anderen zu ermöglichen, Karma für die Tötung von 499 Menschen anzuhäufen. Unter diesen Umständen handelte es sich um ein selbstloses Motiv, denn der Kapitän wußte um die karmischen Konsequenzen für jenen Menschen aufgrund dieser *einen*

Tötung. Trotzdem hielt er unter diesen Umständen diese Handlungsweise für berechtigt.

DL: Das stimmt.

RW: Also meinen Sie wirklich, das Motiv und nicht die Tat sei am wichtigsten. Die Motivation verändert die Bedeutung der Handlung, richtig?

DL: Richtig, sehr richtig. Wir halten die Methode für nicht so wesentlich. Die hauptsächliche Konzentration sollte sich auf das Motiv und das Ergebnis richten. Wiederum sind eine gute Tat und eine schlechte Tat nicht voneinander unabhängig; sie hängen von den Umständen ab. Hinsichtlich ihrer Tugend oder Untugend gibt es Handlungen, denen aufgrund ihrer Existenz eine Tugend oder auch Untugend zugeschrieben werden kann, und es gibt eine Tugend oder Untugend aufgrund des Motives; und schließlich aufgrund von Assoziationen. Damit wird klar, daß eine Handlung als solche im absoluten Sinne nicht als gut oder schlecht angesehen werden kann. Töten ist generell schlecht; dennoch ist unter diesen Umständen Töten gut. Das setzt wiederum die Theorie der Leere voraus.

RW: Können Sie mehr über die Leere sagen? Die Menschen im Westen meinen, die Leere entspreche dem Nicht-Sein.

DL: (Gelächter) Hier liegt ein Mißverständnis vor. Leere stellt ein einfaches Wort dar. Grob gesagt verhält es sich so: Die Dinge hängen voneinander ab. Daher sind sie von

ihrer Natur her nicht grundlegend unabhängig. Unab-
hängigkeit und Abhängigkeit widersprechen einander. Es
gibt keine dritte Möglichkeit. Da die Dinge also voneinander abhängig sind, kennt die Natur keine „Unabhän-
gigkeit". Hier liegt die Bedeutung der Selbstlosigkeit und
Leere.

RW: Das ist mir nicht klar: Leere, aber warum Selbstlosigkeit?

DL: „Leer" bedeutet selbst-los, ohne Selbst, ohne eine
innewohnende Existenz, die Abwesenheit einer inne-
wohnenden Existenz. Es verhält sich wie mit der Null;
die Null selbst bedeutet nichts. Aber dennoch hat sie einen Wert. Ohne Null könnten wir weder die Zahlen
Zehn noch Hundert bilden. Ähnlich verhält es sich mit
der Leere: Sie ist Leere und zur gleichen Zeit die Grundlage von *allem*. Das können wir erforschen. Wenn wir
das tun, können wir kein *Ding* finden. Wir werden nur
auf die Leere stoßen. Ihrer Natur gemäß entspricht die
Existenz der Dinge nicht ihrer Erscheinung. Da es etwas
gibt, ein Objekt, können wir dies untersuchen, denn das
bedeutet, es gibt etwas Tiefergehendes. Aber dessen eigene Natur besitzt keine innewohnende Existenz.

RW: Ist die Leere mit dem universellen Bewußtsein
oder universellen Mitgefühl verwandt?

DL: Das verhält sich anders. Universelles Mitgefühl
steht für die moralische und ethische Seite. Es handelt
sich um einen gewöhnlichen Aspekt, im Gegensatz zum
höchsten Aspekt. Es ist ein subjektiver Aspekt, vom

Standpunkt der Erscheinungsform des Objektes her gesehen, welches leer ist. Die Leere bildet das Wesen des Objektes. Aufgrund dieser Leere erscheint und vergeht es. Ein Lebewesen wird geboren und stirbt, das Leiden kommt und geht, das Glück kommt und vergeht. Dies alles, alle diese Veränderungen, Erscheinungen und Vergehen, werden ermöglicht durch die Leere, durch die Natur der selbst-losen Existenz. Wenn das Leben, das Leiden wie auch die Glückseligkeit, unabhängig voneinander auftreten würden, könnten sich beide nicht verändern. Wenn sie nicht von wechselseitigen Ursachen oder Faktoren abhängen würden, gäbe es keine Veränderung. Weil die Leere wirklich existiert, werden diese Änderungen und Transformationen der Objekte, die selbst leer sind, möglich. Gerade die Veränderung und Transformation der Objekte selbst gibt einen Hinweis, ein Zeichen für die Existenz der Leere. Von diesen Objekten aus betrachtet, die diese Qualität der Leere besitzen, entwickelt sich Mitgefühl.

RW: Tiefe Meditation ermöglicht die Erfahrung dieser Leere.

DL: Natürlich. Ohne Meditation, ohne eine tiefe Meditation, kann man nicht in dieser Leere *(Shunya)* aufgehen. Man vermag sie nicht zu verstehen. Ansonsten handelt es sich nur um leere Worte. Verstehen aufgrund verbaler Bilder allein ist nicht genug. Der nächste Schritt heißt, Nachdenken, Nachdenken, Nachdenken, um daraus eine Überzeugung werden zu lassen. Wenn man einmal Weisheit erlangt hat, die aus Reflexion resultiert, kann man zielgerichtet über das meditieren, was man verstanden hat. Dann konzentriert sich der Geist nicht nur völlig auf das Objekt, sondern wird nach und nach auch immer feinfühliger. Letztlich, wenn alle fünf Sinnesorgane (hinsichtlich ihrer Tätigkeit) ruhen und Ihr sechster Sinn (d. h. die etwas oberflächlichere Schicht des Bewußtseins) ebenfalls immer feinfühliger wird, tritt der höchste, innerste und subtilste Teil des Geistes in eine Art Vereinigung mit der Leere. Das ist die wirkliche Tiefenerfahrung der Leere. (Der Buddhismus lehrt, wir würden sechs Sinne besitzen; Sehen, Hören, Riechen, Schmecken, Fühlen und mentales Bewußtsein oder „Geist-Bewußtsein", letzteres hängt mit dem Alltagsverstand zusammen, der registriert, die Dinge miteinander in Beziehung setzt, kombiniert und die Sinneseindrücke speichert. Es handelt sich hierbei nicht um die höchste Ebene des Geistes oder des Bewußtseins.)

RW: Zuerst muß man völlig darin eintauchen; es muß eine wirkliche Erfahrung vorhanden sein, dann findet der Geist, der darüber reflektiert, in immer feinere Dimensionen seiner selbst: Handelt es sich um diese Kombination von Erfahrung und Reflexion?

DL: Ja, der Geist wird immer subtiler, und es wird ständig einfacher, eine völlige Absorption zu erfahren, stärker und stärker von der Wirklichkeit der Leere absorbiert zu werden.

RW: Ist dies schwierig ohne Lehrer, besonders hier im Westen?

DL: Es ist schwer, zu dieser Erfahrung zu kommen. Das

setzt viel Vorbereitungen und Zeit im Praktizieren voraus. In besonderen Fällen, bei einem besonders außergewöhnlichen Menschen, handelt es sich vielleicht um eine Frage von Jahren. In wenigen Jahren reift diese tiefere Erfahrung, aber im allgemeinen rechnen wir in Zeitaltern *(kalpas)*. Daher gibt es keine Eile. (Gelächter).

IX
Tod und niedere Bereiche

Um zunächst den Geist auf die Art und Weise zu schulen, die mit den anfänglichen Stufen auf dem Pfad übereinstimmt, richten wir unser Bewußtsein nach innen und denken folgendes:

„Dieser juwelengleiche Menschenkörper ist schwer zu finden, und wenn gefunden, besitzt er einen großen Wert. Einen solchen Körper habe ich nun erlangt! Aber er wird nicht lange bestehen, und sicher ist, daß ich sterben werde. Darüber hinaus gibt es keine Gewißheit über den Zeitpunkt des Todes. Deshalb muß ich mich von jetzt an darum bemühen, meinem Leben seinen vollen Gehalt zu verleihen. Zudem hat der Herr des Todes schon immer alle Menschen wie herausragende Persönlichkeiten, unbedeutende und mittelmäßige Personen gleich einer lärmenden Marktversammlung, [die sich bald wieder verflüchtigt], vernichtet. Wie erstaunlich ist es nur, daß ich noch nicht gestorben bin!" Diese Gedanken lassen die Furcht aufkommen, [daß dieses Leben schnell und ungenutzt verstreicht], und man entwickelt eine [stets strebende] Geisteshaltung, die nicht ruhen kann.

Wir müssen bedenken, wie betrüblich es ist, daß uns zum Zeitpunkt des Todes Reichtum, Güter, Verwandte und Freunde nicht weiter begleiten können, und daß es die um ihretwillen angesammelten negativen [karmischen Potentiale] sind, die uns nachfolgen. In dieser Art müssen wir zum nächsten Leben gehen.

Während dieses Lebens erfreuen wir uns an Essen und Trinken; aber Freude, Reichtum, Speise und andere [Annehmlichkeiten dieses Lebens] werden vergehen. Deshalb müssen wir bedenken, wie wichtig es ist, die verbleibende Lebensspanne für die Ausübung des einwandfreien Dharma zu nutzen, und daß damit noch heute begonnen werden muß.[30]

Meditieren wir über Tod und Unbeständigkeit des Lebens, werden wir zwangsläufig ein Interesse an spirituellen Verwirklichungen entwickeln – ähnlich wie ein Durchschnittsmensch beim Anblick der Leiche eines verstorbenen Freundes beunruhigt und zum Nachdenken über den Tod und seine Folgeerscheinungen veranlaßt wird. Die Meditation von Vergänglichkeit und

Tod ist sehr nützlich; denn sie durchtrennt die Anhaftung an flüchtige und bedeutungslose Aktivitäten und lenkt den Geist auf den Dharma hin.

Im Sutrayana gibt es zwei hauptsächliche Methoden, den Tod zu meditieren: die sogenannte „Drei-Wurzel"-Technik und die Methode der wiederholten Vorstellung des eigenen Todes. Letztere wird meist eine Zeitlang vor der erstgenannten geübt.

Die „Drei-Wurzel"-Technik hat drei prinzipielle Meditationsobjekte:

1. die Gewißheit des Todes,
2. die Ungewißheit der Todesstunde,
3. die Tatsache, daß zur Zeit des Todes nur die eigene spirituelle Entwicklungsstufe von Wert ist.

Die Gewißheit des Todes ist nicht schwierig einzusehen. Die Welt ist sehr alt, aber wir können kein Lebewesen aufzeigen, das unsterblich wäre. Es liegt in der Natur unseres Körpers, daß er verletzlich und unbeständig ist. Schön oder häßlich, dick oder dünn – wir alle schreiten unaufhörlich dem Tode entgegen, und nichts vermag ihn abzuwenden. Weder körperliche Kraft, Schmeichelei, Bestechung noch alle anderen Dinge dieser Welt können den Tod fernhalten.

Erfahren wir, daß uns eine tödliche Krankheit befallen hat, rennen wir sogleich ganz kopflos von einem Arzt zum nächsten; und wenn diese uns nicht helfen können, gelangen wir zu den Lamas und erbitten von ihnen eine hilfreiche Voraussage. Schließlich sind wir dabei, unsere letzte Mahlzeit einzunehmen, zum letzten Mal unsere Kleidung zu tragen und uns auf unserem

Sitzplatz niederzulassen. Dann fällt unser Körper wie ein gefällter Baumstamm zu Boden.

Die Meditation des Todes läßt uns in gewisser Weise unruhig werden; sie verschafft uns ein Unbehagen, als ob uns etwas Bedrohliches beobachten würde. Dieses Gefühl ist sehr real und hilfreich; denn der unausweichliche Tod lauert uns tatsächlich auf.

Wir kennen den Zeitpunkt nicht, an dem der Tod uns niederstrecken wird. Wir wissen nicht, was zuerst kommen wird – der morgige Tag oder das nächste Leben. Niemand von uns kann garantieren, daß er heute nacht noch leben wird. Schon der allerkleinste Umstand kann bewirken, daß wir diese Welt plötzlich verlassen müssen; selbst lebensfördernde Faktoren wie Nahrung und Medizin können als Gift wirken und unserem Leben ein Ende bereiten.

Wenn wir sterben, verlieren wir unseren Körper mit allen physischen Kräften, Besitz, Macht, Ruhm und Freunde – sie alle können uns nicht mehr begleiten. Nehmen Sie mich zum Beispiel. Viele Tibeter setzen großes Vertrauen in mich und würden alles tun, um das ich sie bitte; aber wenn ich sterbe, muß ich alleine sterben und keiner von ihnen könnte mich mehr begleiten. Alles, was man mit sich nehmen kann, sind das spirituelle Wissen und die karmischen Eindrücke im eigenen Geist, das heißt die Anlagen und Potentiale, die man durch seine Handlungen im Leben angesammelt hat.

Hat man sich während seines Lebens auf spirituellen Pfaden geschult und die Meditationstechniken als Vorbereitung auf den Tod erlernt, dann wird man auch Zuversicht bewahren und kann wirkungsvoll und furchtlos mit den Erfahrungen umgehen, die während des

Todes auftreten. Indem wir uns während unseres Lebens schulen und eine Bewußtheit des Sterbeprozesses entwickeln, werden wir dann, wenn der Atem schließlich stillsteht und die Elemente unseres Körpers sich schrittweise auflösen, fähig sein, mit den einzelnen Stufen des Todesablaufes umzugehen und das Klare Licht des Todes bei seinem Auftreten zu erkennen.

Das Schwinden dieses Bewußtseinszustandes des Klaren Lichts stellt exakt die Schwelle zum Tod dar. Es heißt: Bevor das Bewußtsein des Klaren Lichts auftritt, fällt man in eine tiefe Bewußtlosigkeit, und wenn eine Durchschnittsperson verwirrt aus diesem Zustand erwacht, wird sie die Erscheinung des Klaren Lichts nicht erkennen können. Jemand hingegen, der in höheren Meditationspraktiken geübt ist, erkennt die einzelnen Stufen des Sterbeprozesses und entwickelt eine besondere Achtsamkeit, bevor er in die Bewußtlosigkeit eintritt. So transformiert er die Wirkungen dieses sehr subtilen Zustandes, und wenn er daraus erwacht, wird es ihm möglich sein, das Klare Licht des Todes zu identifizieren. Und selbst nach dem Vergehen des Klaren Lichts, wenn man den Körper verläßt und in den Bar-do (Zwischenzustand) überwechselt, wird man den Bar-do als solchen erkennen und die auftretenden Halluzinationen und Visionen mit Gleichmut und Einsicht aufnehmen können. Ein Durchschnittsmensch gerät an diesem Punkt unter den Einfluß von Ärger, Anhaftung, Unwissenheit und anderen Leidenschaften und durchläuft eine entsprechend ungünstigere Entwicklung. Der spirituell Geschulte hingegen verweilt in Weisheit und Gelassenheit. Er „verwandelt" das Bewußtsein des Klaren Lichts des Todes in den vollkommenen Weisheitskörper *(Dharmakaya)* und die Erfahrung des Bar-do in den vollendeten Körper des Vollkommenen Erfreuens *(Sambhogakaya).* Um sein Streben, den anderen Wesen zu helfen, in die Tat umzusetzen, kann er dann nach eigenem Wunsch an jedem beliebigen Ort im gesamten Universum Geburt annehmen.

Wer nicht in der Lage ist, beim Tod diese yogischen Übungen durchzuführen, sollte zumindest versuchen, während des Sterbeprozesses eine klare Bewußtheit aufzubringen und Gedanken der liebevollen Zuneigung, des Mitgefühls und des Erleuchtungsgeistes aufrechtzuerhalten. Ebenfalls von großem Vorteil ist es, sich seines Meisters und der Drei Zufluchtsjuwelen zu erinnern und sie um ihre Führung zu bitten. Dies wird einem helfen, mit einer Geistesverfassung in den Zwischenzustand einzutreten, die einer weiteren, der spirituellen Entwicklung förderlichen Geburt in den höheren Daseinsbereichen dienlich ist.

Wir alle tragen in unserem Geistesstrom eine unbegrenzte Anzahl karmischer Prägungen, die von positiven und negativen Handlungen der Vergangenheit herrühren. Eine ungeübte Person wird ihre Hoffnung vornehmlich darauf setzen, durch das Aufrechterhalten eines positiven Gedankenstroms im tatsächlichen Todesmoment ein stark positives karmisches Potential zu aktivieren, welches sich wiederum auf die nachfolgende Bar-do-Existenz in entsprechend positiver Weise auswirken wird. Ein solches Vorgehen ist für eine ungeübte Person am hilfreichsten. Ein Yogi und eine gewöhnliche Person haben also recht unterschiedliche Methoden zur Verfügung.

Im Tode sollten wir unseren Geist in der oben erläuterten Art ausrichten. In Hinsicht auf die Umgebung des Sterbenden ist es von Bedeutung, daß während des Sterbeprozesses und auch nach dem Verscheiden der Raum nicht mit weinenden und wehklagenden Menschen angefüllt ist; jedes Ereignis, das den Geist des Sterbenden in Unruhe versetzen könnte, muß von ihm ferngehalten werden. Bei jemandem, der ein negatives Leben geführt hat, treten gewöhnlich keine positiven Gedanken zur Zeit des Todes und keine kontrollierbaren Erfahrungen während des Zwischenzustandes auf. Deshalb sollten wir von nun an bewußt den Tod bedenken und uns mit den Übungen zur Entwicklung spiritueller Qualitäten befassen, welche uns nicht nur in diesem Leben von Nutzen sein werden, sondern uns auch dazu befähigen, dem Tod und dem Zwischenzustand hinreichend gewappnet entgegenzutreten.

Daher denken wir in der „Drei Wurzel"-Todesmeditation auf folgende Weise:

1. Der Tod ist unausweichlich, und deshalb will ich Dharma ausüben.
2. Der Zeitpunkt des Todes ist ungewiß, und deshalb will ich den Dharma *umgehend* anwenden.
3. Da einzig die Weisheit des Dharma zur Zeit des Todes von Wert ist, will ich den Dharma *in aller Reinheit* ausüben.

Nun, da wir als Menschen auf spirituelle Lehren und einen Meister getroffen sind, sollten wir uns nicht wie ein Bettler verhalten, der die Jahre in dumpfer Untätigkeit vergehen läßt und dem Tod mit leeren Händen entgegentritt. Ich, ein einfacher Mönch in der Tradition des

Buddha Sakyamuni, möchte Sie in aller Demut dazu auffordern, sich in Ihrer spirituellen Übung zu bemühen. Erforschen Sie die Natur Ihres Geistes und entfalten Sie ihn. Bedenken Sie Ihr Wohlergehen in diesem und in zukünftigen Leben und vervollkommnen Sie die Methoden, die jetzt und später Glück hervorbringen werden. Unser Leben ist unbeständig, und ebenso unbeständig sind die heiligen Lehren. Wir sollten also unsere Übung sorgsam kultivieren.

Auf welche Weise hilft uns der Dharma zur Zeit des Todes, und wie schadet uns all das, was dem Dharma zuwiderläuft? Die liebevolle Zuneigung und das Mitgefühl der Erleuchteten allein sind keine ausreichenden Kräfte, um uns zu schützen. Wäre dies der Fall, dann hätten die Buddhas dies schon in einer der vorherigen Todesstunden getan, die wir seit undenklichen Zeiten immer wieder durchlebt haben. Wenn wir von unserer Seite her nichts unternähmen, so wäre dies ähnlich absurd, als ob man mit einer Hand zu klatschen versuchte.

Wir mögen denken: Wenn zur Zeit des Todes nichts außer dem Dharma von Nutzen ist, wie kann der Dharma dann im Tode helfen? Und auf welche Weise schadet jenes, was nicht Dharma ist?

Selbst wenn wir sterben, werden wir uns nicht einfach in ein Nichts auflösen, sondern wieder Geburt annehmen müssen. Und diese Geburt wird entweder in einem glücklichen oder in einem niederen Bereich stattfinden, eine andere Möglichkeit gibt es nicht. Zudem werden wir keine Freiheit haben; denn einzig die Kraft des Karma [wird unsere Wiedergeburt bestimmen]. So wie wir von unserem weißen oder schwarzen Karma [in eine neue Existenz] „geworfen" werden, so müssen wir Geburt annehmen. Wir werden in eine glückliche Daseinsform geboren, wenn zum Zeitpunkt des Todes ein heilsamer Geisteszustand manifest ist. Sollte im Todesmoment ein unheilsamer Bewußtseinszustand aktiv sein, so werden wir daraufhin in einen der drei niederen Bereiche geboren und müssen die großen Leiden dort durchleben.

Was sind die Leiden in den niederen Existenzbereichen? Der Beschützer Nagarjuna sagt:

„Vergegenwärtige dir immerzu die äußerst heißen und kalten Höllen. Vergegenwärtige dir auch die Hungrigen Geister, die aufgrund der verschiedenen Arten von Hunger und Durst ausgemergelt sind. Vergegenwärtige dir die Tiere und sieh, wie sie unendlich viele Leiden aufgrund ihrer Verblendung [erdulden müssen]. Gib die Ursachen für [solche Existenzformen] auf und übe die Ursachen für Glück. Der menschliche Körper auf diesem südlichen Kontinent *(Jambudvipa)* ist schwer zu erlangen, jetzt, da du ihn erlangt hast, vernichte mit äußerster Achtsamkeit die Möglichkeit, daß er zu einer Ursache für leidhafte Existenzen wird."

Hier wird deutlich gemacht, daß in den Höllen die von extremer Hitze und Kälte verursachten Leiden unerträglich sind, daß im Bereich der Hungergeister die Leiden von Hunger und Durst nicht zu ertragen sind, und daß auch im Bereich der Tiere die Leiden, die unter anderem dadurch entstehen, daß sie keinen klaren Geist besitzen, stumm sind und sich gegenseitig auffressen, nicht zu erdulden sind.

Schon jetzt können wir es nur schwer ertragen, für einen Moment die Hand in glühende Asche zu stecken oder nur einen einzigen Tag lang ohne Kleidung der Kälte des Winters ausgesetzt zu sein oder einige Tage völlig ohne Nahrung auszukommen. Und selbst der bloße Stich einer Biene oder eines anderen Insekts ist uns unerträglich. Wenn dies so ist, wie kann ich dann die Leiden der heißen und kalten Höllen, die der Hungergeister oder die Leiden der einander lebendig verschlingenden Tiere ertragen? Dies sollten wir uns fragen und solange meditieren, bis sich – ausgehend von den jetzigen Erfahrungen – eine äußerst große Furcht und Angst im Geist ergibt. Anschließend stärken wir den Gedanken: „Jetzt, da ich diese gute Grundlage mit ihren Freiheiten erlangt habe, muß ich die Ursachen für die niederen Bereiche aufgeben. Ich muß mich um die Methoden zur Vermeidung einer Wiedergeburt in diesen leidvollen Daseinsformen bemühen, indem ich mich anstrenge, die Ursachen für eine glückliche Wiedergeburt anzusammeln."

Einige Menschen bezweifeln die Existenz der Höllenbereiche. Viele Weltkulturen sprechen jedoch ganz unabhängig voneinander von solchen Daseinsbereichen. Es gibt auch hellsichtige Personen, die diese direkt wahrnehmen können. Im Buddhismus wird davon gesprochen, daß wir durch die Meditation bestimmte höhere Wahrnehmungskräfte entwickeln können, mit denen wir uns an einige unserer Vorleben zu erinnern vermögen. In einem solchen Fall wäre es möglich, daß wir uns die eigenen Erfahrungen in der Hölle wieder bewußt machen.

Es gibt viele Ebenen von natürlichen Gesetzmäßigkeiten, die jenseits der Auffassungsgabe gewöhnlicher Personen liegen und nur von Wesen mit hoch entwickelten Bewußtseinszuständen wahrgenommen werden können. Zum Beispiel gehören die Abläufe der karmischen Gesetzmäßigkeiten zu diesen mehr subtilen [und damit äußerst schwer zu erkennenden] Wahrheiten.

Keine zwei Menschen haben den gleichen Körper oder Geist. Jeder von uns ist einmalig – bis zum kleinsten Härchen, bis zur kleinsten Runzel und Muskelfaser. Warum sind wir so kompliziert? Warum sind die Tiere und Insekten in ihrer Verschiedenheit so einzigartig? Angesichts solcher Fragen rückt die buddhistische Lehre von den karmischen Prozessen in den Brennpunkt. Aber davon später mehr.

Zahllose buddhistische Texte beschreiben die Höllen auf sehr realistische Weise. Sie geben sogar ihre exakte Lage und dergleichen an. Ob diese Bereiche tatsächlich existierende Orte sind oder nur Zustände des Bewußtseins, ist ein strittiger Punkt unter Buddhisten. Der indische Meister *Santideva* schreibt: „Wer erschuf die Wächter und die Foltergeräte in den Höllen? In Wirklichkeit sind sie von den karmischen Anlagen geschaffen, die wir in unserem Geisteskontinuum tragen." Ob die Höllen nun äußere Bereiche sind oder nur als Geisteszustände existieren, hat keinen Einfluß auf unser Problem, nämlich, wie wir sie vermeiden können. Wenn wir uns selbst in einem Höllenbereich wiederfinden, werden wir unausweichlich leidvolle Erfahrungen durchleben müssen. Die verschiedenen Leidensformen wie furchtbare Hitze, Kälte, physische Marter und dergleichen, die die einzelnen Höllen charakterisieren, sind keine Erfahrungen, die unmöglich wären und außerhalb menschlicher Vorstellungen liegen.

Würden die Höllen und die anderen leidhaften Bereiche nicht existieren, gäbe es wenig Anlaß, Dharma zu studieren und auszuüben. Blicken wir jedoch um uns, erkennen wir, daß wir überall von Leiden umgeben sind. Wie können wir erwarten, nach dem Hinscheiden unseres Körpers nicht auf ähnliche Bedingungen treffen zu müssen? Aber dann haben wir keinen Besitz mehr, keine Macht, keine Freunde, geschweige denn einen

Körper, der uns schützt. Nichts bleibt bestehen außer unseren positiven oder negativen karmischen Potentialen und unserer spirituellen Erfahrung oder unserem Nichtwissen. Wenn man über keine Weisheit verfügt und vornehmlich karmische Anlagen von unheilsamen Taten in sich trägt, wird der Zwischenzustand sich in eine Höllenvision wandeln, und unser Herz wird sich mit Reue füllen. Solange man noch im Besitz seiner Verstandeskraft war, wäre man, was die Nichtexistenz der Höllen betrifft, besser nicht so stolz und sicher gewesen.

Im Anfangsstadium meditiert der Ausübende deshalb ausgiebig die Leidensformen der einzelnen Höllenbereiche und beschließt dann, die Ursachen für eine Geburt in diesen niederen Daseinsbereichen – nämlich die von einem verblendeten Geist ausgehenden negativen Taten – aufzugeben. Diese Meditationen sollten regelmäßig durchgeführt werden, nicht nur einige Tage, sondern mehrere Monate lang – bis man eine natürliche Abneigung gegenüber den leidverursachenden Handlungsweisen empfindet. Gegenwärtig unternehmen wir große Anstrengungen, um uns vor Kälte, Hitze, Insektenbissen und anderem zu schützen. Wäre es nicht weiser, uns auch vor den künftigen Leiden zu behüten und die Ursachen dafür, nämlich unheilsame Handlungen von Körper, Rede und Geist, zu vermeiden?

Die Schriften weisen eine Fülle von Beschreibungen der verschiedenen Höllenbereiche auf. Vier Hauptarten werden genannt:

1. die acht heißen Höllen;
2. die acht kalten Höllen;

3. die vier Nebenhöllen in der Umgebung der unteren Höllen;
4. die zeitweiligen Höllen, in denen die Wesen vorübergehend Erleichterung finden.

Jeder Hölle wird ein unterschiedlicher Grad an Leidensintensität, eine unterschiedliche Lebensspanne und dergleichen zugeschrieben. Das hauptsächliche Charakteristikum einer Höllenexistenz ist heftiges und intensives Leiden, und ihre Hauptursache ist negatives Karma, das durch starken Zorn und die Schädigung anderer zustandekommt.

Ich wünschte wirklich, daß es kein Leiden mehr in der Welt und kein Leiden nach dem Tode gäbe. Ich wünschte, es gäbe keine Höllen und keine Bereiche von Hungergeistern. Aber es wäre sehr unweise zu glauben, daß diese Bereiche nicht existierten und zu meinen, man könne mit den negativen Handlungsweisen fortfahren, die unseren Geist in diese Daseinsformen herabziehen. Die „Entfernung" zwischen unserem jetzigen Leben und einem Höllendasein kann nämlich so kurz sein wie ein einziger Atemzug.

Negatives Verhalten hat nicht einmal in diesem Leben einen günstigen Einfluß auf unseren Geist. Wenn es zukünftige Existenzen gibt, wie können wir da erwarten, daß sich Negatives positiv auf diese auswirkt? Andererseits üben die positiven Taten einen heilsamen Einfluß auf unseren Geist im derzeitigen Leben aus und legen gleichzeitig das Fundament für ein Glück nach dem Tode. Unter diesem Blickwinkel sollte man die Leiden der Höllen meditieren und sich dazu entschließen, die sie verursachenden Handlungsweisen zu unterlassen.

Der Daseinsbereich der Hungergeister *(Preta)* kann – gleich den Höllen – von Durchschnittsmenschen in unserer Welt nicht gesehen werden. Es kommen jedoch vereinzelte Fälle von bereichsübergreifenden Kontakten zwischen Wesen mit einer sehr engen karmischen Verbindung vor. Auch über diesen Bereich haben viele Kulturen der Welt unabhängig voneinander Aussagen gemacht, und viele Mystiker und Hellsichtige haben sie beschrieben.

Das hauptsächliche Leiden der Hungergeister besteht in intensivem Hunger und Durst. Obwohl sie ohne Unterlaß durch das Verlangen nach Speise und Trank gepeinigt werden, leben sie doch viele Jahrhunderte lang. Der Hauptgrund für die Geburt in diesem Daseinsbereich ist das negative Karma, das durch Anhaftung und Gier entsteht. Man sollte die Leiden dieses Bereiches kontinuierlich kontemplieren und so zu dem Schluß gelangen, die unheilsamen Handlungen, die dieses Leiden herbeiführen, aufzugeben. Im Moment finden wir es schwierig, auch nur einen halben Tag lang ein religiöses Fasten durchzuführen – wie können wir da Hunger und Durst über einen Zeitraum von tausend Jahren ertragen?

Die Leiden in dem Bereich der Tiere sind uns [zum größten Teil] ersichtlich. Arbeits- und Schlachttiere werden ihr Leben lang von den Menschen angetrieben, geschlagen, getötet und verspeist. Würde jemand versuchen, uns so etwas anzutun, würden wir zu einer Institution gehen und unsere Menschenrechte einklagen. Die Tiere aber können nichts weiter unternehmen, als uns traurig anzuschauen. Die Fische im Kangrasee werden nicht als die Eigentümer des Sees respektiert; für den Menschen stellen sie nur eine Nahrungsquelle dar. Wir vergessen, daß auch sie lebendige, fühlende Wesen sind wie wir, daß auch sie nach einem „Ich" greifen und nach Glück verlangen. Wir vergessen, daß sie keinen Schmerz erleiden und nicht sterben wollen; und so zerren wir sie mit Haken und Netzen ans Land, wo sie dann in Angst und Todesqual leidvoll verenden. Das gleiche gilt für Hühner, Rinder, Ziegen und dergleichen. An niemanden können sie sich um Hilfe wenden, und sie verfügen nicht über ausreichende Intelligenz, um sich selbst helfen zu können. Dies sind Karma und Leiden ihres Daseinsbereiches. Wir sollten darüber meditieren, welchen Erfahrungen wir ausgesetzt wären, nähmen wir unter den Tieren Geburt an.

Die wilden Tiere, Vögel und Insekten erfahren meist noch intensiver Leiden. Sie leben unter dem Gesetz des Dschungels, und die Alten und Gebrechlichen unter ihnen werden bei lebendigem Leibe aufgefressen. Immer auf der Suche nach Beute und Unterschlupf, müssen sie oft lange Zeiten der Entbehrung durchleben. Ihr größter Mangel ist ihre fehlende Weisheit. Aufgrund dieses Mangels sind sie unfähig, eine spirituelle Entwicklung zu durchlaufen. So wird ihr Leben von den Kräften des Karma und der Verblendungen beherrscht, bis sie schließlich in Schrecken sterben.

Wir sollten die verschiedenen Leiden der Tierwelt meditieren und uns fragen: „Möchte ich dieses Leid erfahren? Könnte ich es ertragen?" Wer dies nicht möchte, sollte den Entschluß fassen, die Ursachen für diese Leiden zu vermeiden, nämlich die sinnlosen und verblendeten Handlungen, die von einem unwissenden, getrübten Geist herrühren.

In diesem Leben und in den vielen vorhergehenden Existenzen haben wir zahlreiche karmische Potentiale geschaffen, die eine Geburt in irgendeinem der drei niederen Daseinsbereiche zur Folge haben können. Wir sollten aufhören, weiterhin solche Ursachen zu schaffen. Statt dessen wäre es besser, nach Methoden Ausschau halten, die den Geist von den vorhandenen negativen karmischen Eindrücken reinigen und ihn aus der Dunkelheit zum Licht dauerhafter Glückseligkeit emporheben.

X.
Nirvana

Was ist Nirvana? Die Grundlage, die uns ermöglicht, das Nirvana zu erreichen, ist die „Buddha-Natur" oder die „natürlich anwesende Veranlagung". Die einzelnen Systeme buddhistischer Lehrmeinung geben unterschiedliche Interpretationen darüber, was die Buddha-Natur ist; daher gibt es viele Arten der Buddha-Natur, die sich in der Ebene ihrer Subtilität unterscheiden. Die Hörer-Schulen – die Schule der Großen Ausführlichen Erläuterung und die Sutra-Schule – gebrauchen den Begriff der *Buddha*-Natur nicht, weil sie drei endgültige Fahrzeuge vertreten. Sie sprechen statt dessen von der „Natur des *Heiligen*", das heißt der Veranlagung zu einem *Heiligen*. Denn ihrer Meinung nach gehen die Kontinua eines Hörers und eines Alleinverwirklichers zu Ende, wenn diese ihre jeweilige Erleuchtung als Feindzerstörer erlangt und das Nirvana ohne Überreste erreicht haben. Aufgrund dessen kann es nach ihrer Auffassung für Hörer und Alleinverwirklicher keine weiterführende Schulung etwa auf dem Bodhisattva-Pfad geben. Und deshalb behaupten sie auch, es gäbe drei endgültige Pfade – die des Hörers, des Alleinverwirklichers und des Bodhisattva –, und da nur der letzte zur Buddhaschaft führt, besäßen nicht alle, die die Veranlagung zu einem Heiligen besitzen, auch die Veranlagung zu einem Buddha.

Buddha spricht tatsächlich in bestimmten Sutras des Großen Fahrzeugs von drei endgültigen Fahrzeugen. Doch die höheren Schulen machen deutlich, daß diese Aussagen der Interpretation bedürfen. Dabei muß man zeigen, was der eigentliche Gedanke ist, der einer solchen nicht wörtlich zu nehmenden Aussage zugrunde liegt, was der Zweck dieser Aussage ist und welche Argumente es gibt, die ihrer wörtlichen Auslegung widersprechen.

Welcher Gedanke lag der Lehre des Buddha von drei endgültigen Fahrzeugen zugrunde? Es ist der Gedanke, daß Menschen *zeitweilig* eine eindeutige Veranlagung etwa zu einem Hörer, Alleinverwirklicher oder Bodhisattva haben. Wie ich gerade erwähnt habe, sprechen die Hörer-Schulen von der Natur des Heiligen oder, anders ausgedrückt, von der Veranlagung zu einem Heiligen. Sie sagen, diese bestehe aus vier einzelnen Veranlagungen. Die ersten drei sind die Zufriedenheit des Übenden mit einfacher Nahrung, Kleidung und Unterkunft. Die vierte besteht in der freudigen Bemühung darum, fehlerhafte Eigenschaften zu beseitigen und vorteilhafte zu verwirklichen; eine Bemühung, für die die dreifache Zufriedenheit die nötige Grundlage bildet. Diese vier Veranlagungen werden als ursächliche Veranlagungen zu einem Heiligen bezeichnet, weil sie die Ursachen dafür bilden, daß man die Ebene der Heiligkeit erlangt.

Die Nur-Geist-Schule, die den Schriften folgt – das ist der Zweig der Nur-Geist-Schule, der Asanga folgt und ein Allem-zugrundeliegendes Bewußtsein beschreibt –, setzt die Buddha-Natur mit dem Samen für eine unbefleckte Ursprüngliche Weisheit gleich, der ihrer Meinung nach in dem Allem-zugrundeliegenden Bewußtsein ruht. Solange nicht förderliche Umstände wie das Hören der Lehre und das Nachdenken über ihre Bedeutung den Samen aktivieren, wird er als „natürlich anwesende Veranlagung" bezeichnet. Wenn er aktiviert wurde, wird er „sich entwickelnde Veranlagung" genannt.

Die Nur-Geist-Schule, die der Logik folgt – das ist der Zweig, der Dignaga und Dharmakirti folgt und kein

Allem-zugrundeliegendes Bewußtsein vertritt –, beschreibt die Buddha-Natur als Samen für eine unbefleckte Ursprüngliche Weisheit, der ein Teil der inneren Sinnesquellen ist. Wenn die geeigneten Bedingungen durch Hören, Nachdenken und dergleichen geschaffen werden, ist er in der Lage, die Verwirklichungen innerhalb der drei Fahrzeuge hervorzubringen. Er ist die natürlich anwesende Veranlagung.

Im System der Schule des Mittleren Weges wird die Buddha-Veranlagung allgemein als das bestimmt, was die Eignung besitzt, in einen Buddha-Körper umgewandelt zu werden, wenn eine solche Umwandlung betrieben wird. Sie wird in zwei Arten unterteilt: das, was geeignet ist, sich in den Wahrheitskörper eines Buddha zu wandeln, und das, was geeignet ist, sich in den Formkörper eines Buddha zu wandeln. Die erste ist die natürlich anwesende Veranlagung; die zweite ist die sich entwickelnde Veranlagung. Basierend auf dieser Lehre von der Buddha-Natur, die in allen Wesen gegenwärtig ist, erklärt die Schule des Mittleren Weges, daß es nur ein endgültiges Fahrzeug gibt. Wie ist das Nirvana beschaffen, das in Abhängigkeit von der Buddha-Natur, der Buddha-Veranlagung, erreicht wird? Bei der Betrachtung der allgemeinen Bedeutung des Begriffs des Nirvana wollen wir zuerst das erörtern, was „natürliches Nirvana" genannt wird, nämlich das endgültige Wesen der Phänomene. Dieses ist in sich von Natur her rein; und aufgrund dieser reinen Sphäre, die zum Wesen der Phänomene gehört, ist es auch möglich, Befleckungen zu beseitigen und die Befreiung zu erreichen. Darüber hinaus ist die Entität der Befreiung genau dieses reine Wesen. Von diesen Gesichtspunkten her wird das reine Wesen der Phänomene als natürliches Nirvana bezeichnet.

Was die Arten des Nirvana angeht, die erreicht werden können, gibt es zwei niedrigere Ebenen; das Nirvana mit Überresten und das Nirvana ohne Überreste. „Nirvana mit Überresten" bedeutet nach den Schulen der Hörer, daß man das Nirvana verwirklicht hat, aber noch einen Überrest aus solchen körperlichen und geistigen Aggregaten besitzt, die das Resultat von früheren befleckten Taten und Leidenschaften sind. Wenn auch diese zu Ende gehen, tritt das Nirvana ohne Überreste ein. Der Grund, warum dabei von *niedrigeren* Ebenen des Nirvana gesprochen wird, ist der, daß von den zwei Arten von Hindernissen, die es gibt, auf diesen Ebenen nur die auf Leidenschaften zurückzuführenden Hindernisse für die Befreiung aus dem Daseinskreislauf, nicht aber die Hindernisse für die Allwissenheit verlöscht sind.

Die höchste Form von Nirvana tritt auf der Ebene der Buddhaschaft auf. Es wird als „nicht-verweilendes" Nirvana bezeichnet, weil es weder in dem Extrem des Daseinskreislaufs noch in dem Extrem des rein persönlichen Friedens verweilt. Vielmehr hat man mit der Buddhaschaft sowohl die eigene Entwicklung als auch die Fähigkeit, das Wohl der anderen zu erwirken, zur Vollendung gebracht. Man hat nicht nur die Hindernisse durch Leidenschaften, die der Befreiung im Wege stehen, vollständig besiegt, sondern auch die Hindernisse für die Allwissenheit gänzlich überwunden.

Die Hindernisse durch Leidenschaft verhindern die Befreiung aus dem Daseinskreislauf und verursachen der Person, in deren Kontinuum sie vorhanden sind, Leiden. Die Hindernisse für die Allwissenheit hindern daran, alle Wissensobjekte zu erkennen, und deshalb verursachen sie die Unfähigkeit, die Voraussetzungen, Gedanken, Neigungen und Veranlagungen der einzelnen Schüler zu erkennen. Dadurch verhindern sie, daß man das Wohlergehen der anderen in großem Umfang bewirken kann. Das heißt: Wenn man nur die Hindernisse durch Leidenschaften überwindet, erlangt man Befreiung aus dem Daseinskreislauf; aber wenn man zusätzlich die Hindernisse für die Erkenntnis alles Wißbaren aufgibt, erlangt man Allwissenheit.

Wie sind diese verschiedenen Arten des Nirvana in den Zwei Wahrheiten, der konventionellen und der endgültigen, enthalten? Candrakirti sagt, daß ein Nirvana eine endgültige Wahrheit ist; und er begründet es damit, daß ein Nirvana eine Wahre Beendigung ist, die selbst wiederum mit einer Leerheit gleichgesetzt wird. Wie ist das zu verstehen? Das Gegenmittel aller Befleckungen ist die Weisheit, die die Selbstlosigkeit erkennt, wobei Selbstlosigkeit die Abwesenheit von inhärenter Existenz bedeutet. Durch die Kraft dieses Gegenmittels lösen sich die Befleckungen in der Sphäre der endgültigen Natur der Phänomene auf; und eine solche reine Sphäre der Wirklichkeit wird als Wahre Beendigung bezeichnet. So ist es zu verstehen, daß ein Nirvana eine endgültige Wahrheit ist.

Obwohl alle Wahren Beendigungen grundsätzlich gleich geartet sind, gibt es viele verschiedene Ebenen. Sie beginnen mit der Wahren Beendigung, die darin besteht, daß man all das aufgegeben hat, was auf dem Pfad des Sehens aufzugeben ist. Wir werden die Fünf Pfade später noch erörtern; jetzt möchte ich sie nur kurz erwähnen.

In jedem Fahrzeug, sei es als Hörer, Alleinverwirklicher oder Bodhisattva, erreicht man der Reihe nach den Pfad der Ansammlung, den Pfad der Vorbereitung, den Pfad des Sehens, den Pfad der Meditation und den Pfad des Nicht-mehr-Lernens. So gibt es drei Gruppen von je fünf Pfaden, insgesamt also fünfzehn Pfade. Auf den ersten beiden Pfaden, dem der Ansammlung und dem der Vorbereitung, hat man noch keine unmittelbare Erkenntnis von der Wahrheit der Leerheit; folglich hat man auch noch keine Wahre Beendigung erlangt. Auf dem Pfad des Sehens besitzt man dann jedoch eine unmittelbare Erkenntnis der Leerheit, und dadurch erreicht man eine Wahre Beendigung, die darin besteht, daß man sich von den Faktoren befreit hat, die auf dem Pfad des Sehens aufgegeben werden müssen. Diese Faktoren sind die künstlichen, angelernten Formen der Hindernisse durch Leidenschaften. Auf dem Pfad der Meditation gibt man dann auch die tieferen, angeborenen Hindernisse durch Leidenschaften auf. In beiden Fällen werden die Hindernisse durch ihre Gegenmittel so aufgegeben, daß sie nie wieder entstehen können.

Allgemein gibt es zwei Arten von Beendigungen: analytische und nicht-analytische. Eine nicht-analytische Beendigung ist die Abwesenheit von etwas, die einfach darauf zurückzuführen ist, daß die nötigen Ursachen und Umstände, die es erzeugen könnten, nicht zusammenkommen. Eine analytische Beendigung hingegen ist eine Beendigung, die dadurch erreicht wurde, daß man etwas mit Hilfe seines Gegenmittels überwunden hat.

Sowohl auf dem Pfad des Sehens als auch auf dem Pfad der Meditation gibt es „ununterbrochene Pfade" und „Pfade der Erlösung". Jeder ununterbrochene Pfad ist das eigentliche Gegenmittel gegen eine bestimmte Ebene von Hindernissen. Eine nachfolgende meditative Versenkung, die dadurch gekennzeichnet ist, daß man von dieser Ebene von Hindernissen getrennt oder erlöst ist, wird als Pfad der Erlösung bezeichnet.

Die Faktoren, die auf dem Pfad des Sehens und auf dem Pfad der Meditation aufgegeben werden, kann man in verschiedene Gruppen unterteilen. Diese Einteilungen werden von dem Gesichtspunkt her getroffen, mit welchem der Drei Bereiche das jeweils Aufzugebende zusammenhängt – dem Sinnlichen, Körperlichen oder Körperlosen Bereich. Eine Vielzahl dieser Unterteilungen werden in Vasubandhus *Schatzhaus des Höheren Wissens* sowie in Asangas, *Kompendium des Höheren Wissens* dargelegt, doch ich möchte hier nicht näher darauf eingehen.

Ein zentrales Thema in diesem Zusammenhang möchte ich jedoch ansprechen: Die Konsequenz-Schule sagt, die Bewußtseinszustände, die in der Vorstellung von inhärenter Existenz bestehen, seien die Hindernisse für die Befreiung, und folglich seien die Anlagen, welche die Vorstellung von inhärenter Existenz im Bewußtsein hinterläßt, die Hindernisse für die Allwissenheit. Dagegen sagt die Selbständigkeits-Schule, ein Hindernis für die Allwissenheit sei die Vorstellung von wahrer Existenz. Dadurch bringen sich die Vertreter dieser Schule in eine schwierige Position: Sie behaupten damit nämlich, daß Übende, die nicht die Vorstellung von wahrer Existenz und damit die *letzte* Wurzel des Daseinskreislaufs überwunden haben, trotzdem die Befreiung aus dem Daseinskreislauf erreichen können, indem sie nur die falsche Vorstellung von einem Selbst der Person aufgeben. Diese ist die Vorstellung, Personen seien substantiell existent in dem Sinne, daß sie eigenständig existieren. Die Selbständigkeits-Schule vertritt somit die Position, daß ein Übender sich aus dem Daseinskreislauf befreien kann, obwohl er nicht die Vorstellung von einem Selbst der Phänomene, die *letzte* Wurzel des Daseinskreislaufs, aufgegeben hat. Für die Vertreter der Konsequenz-Schule ist dagegen die Vorstellung von wahrer oder inhärenter Existenz die Wurzel des Daseinskreislaufs und damit das grundlegende Hindernis für die Befreiung; deshalb haben sie dieses Problem nicht.

Die Selbständigkeits-Schule unterteilt die Hindernisse für die Allwissenheit in neun Stufen, die ihrer Meinung nach von der zweiten bis zur zehnten Hohen Ebene eines Bodhisattva überwunden werden. Doch weil nach dem System der Konsequenz-Schule die Vorstellung von wahrer oder inhärenter Existenz selbst das hauptsächliche Hindernis für die Befreiung ist und weil die Anlagen, die diese falsche Vorstellung hinterläßt, die Hindernisse für die Allwissenheit bilden, ist es nach Meinung dieser Schule unmöglich, mit der Erzeugung des eigentlichen Gegenmittels gegen die Hindernisse für die Allwissenheit zu beginnen, solange nicht zuerst die Hindernisse für die Befreiung aufgegeben worden sind. Kung-tang Kon-tschok Tan-pa Drön-me gibt einen Vergleich, der dies leicht verständlich macht: Befindet sich in einem Gefäß Knoblauch, so hinterläßt dieser etwas von seinem Geruch im Gefäß. Daher muß man, wenn man das Gefäß reinigen will, zuerst den Knoblauch selbst entfernen. Ein Bewußtsein, das die Dinge als inhärent existent auffaßt, hinterläßt Anlagen im

Geist, die ihrerseits wieder die *Erscheinung* von inhärenter Existenz hervorbringen – ähnlich wie der Knoblauch ständig seinen Geruch an das Gefäß abgibt. Daher gibt es keine Möglichkeit, den Geist von diesen Anlagen zu reinigen, solange man ihn nicht von all den Bewußtseinszuständen befreit, die die Phänomene als inhärent auffassen. Erst muß der Knoblauch aus dem Gefäß entfernt werden, dann kann man seinen Geruch beseitigen.

Aus diesem Grund kann man nach der Konsequenz-Schule mit der Überwindung der Hindernisse für die Allwissenheit erst dann beginnen, wenn alle Hindernisse für die Befreiung vollständig beseitigt worden sind. Weil das so ist, kann ein Übender auf den ersten sieben Hohen Ebenen des Bodhisattva noch nicht damit beginnen, die Hindernisse für die Allwissenheit zu überwinden. Diese ersten sieben Hohen-Ebenen werden „unrein" genannt, weil es noch immer Hindernisse für die Befreiung gibt, das heißt Hindernisse durch Leidenschaften, die aufgegeben werden müssen. Erst auf der achten Hohen Ebene des Bodhisattva beginnt man, die Hindernisse für die Allwissenheit aufzugeben, und dieser Prozeß wird auf der neunten und zehnten Ebene fortgeführt. Diese letzten drei Hohen Ebenen werden „die drei reinen Ebenen" genannt, weil sie frei sind von den Hindernissen für die Befreiung, die ja auf den ersten sieben Ebenen aufgegeben worden sind.

Ich habe schon erwähnt, daß die Schulen, außer der Konsequenz-Schule, eine Selbstlosigkeit der Phänomene postulieren, die subtiler ist als die Selbstlosigkeit der Person. Diese Systeme behaupten auch, daß die Leidenschaften von einem Bewußtsein hervorgebracht werden, das in der falschen Vorstellung von einem Selbst der Person besteht. Diese Vorstellung ist ihrer Ansicht nach der Glaube an eine eigenständig-substantielle Existenz der Person. Die Konsequenz-Schule hingegen hält die Vorstellung von einem Selbst der Phänomene und die Vorstellung von einem Selbst der Person für gleich subtil. Daher wirft sie den anderen Schulen vor, ihre Darstellung des Vorganges, wie Leidenschaften entstehen, sei nicht vollständig; denn sie beziehe nicht alle Ebenen der Leidenschaften mit ein. Die Vertreter der Konsequenz-Schule sagen daher, ein Feindzerstörer, der den Feind besiegt hat, der in den Leidenschaften besteht, wie sie von den anderen Systemen beschrieben werden, sei kein echter Feindzerstörer. Nach ihrer Darstellung gibt es daher zwei Ebenen innerhalb unserer Leidenschaften: solche, die von der subtileren falschen Vorstellung von inhärenter Existenz hervorgerufen werden, und solche, die von der gröberen falschen Vorstellung, Personen seien ein eigenständig-substantiell existierendes Selbst, hervorgerufen werden.

Anmerkungen

1 Dieser Begriff, Anatman (Nicht-Selbst), beschreibt alles, das nicht als das transzendente Selbst (Atman) erlebt wird, nämlich die Welt der Phänomene und das Ego. Anatman bedeutet im Buddhismus, daß die Dinge keine dauerhafte Substanz besitzen.

2 Die wörtliche Übersetzung dieses Sanskrit-Ausdrucks bedeutet „erleuchtetes Wesen". Im Mahayana-Buddhismus ist ein Bodhisattva ein Wesen, das die Buddhaschaft durch die systematische Praxis eines vollkommenen Lebens zu erreichen sucht, aber erst völlig ins Nirvana eintreten will, wenn schließlich alle Lebewesen Erlösung gefunden haben. Der Antrieb für sein Handeln ist das Mitgefühl, begleitet von höchster Einsicht und Weisheit. Bodhisattvas sind dazu bereit, das Leid aller Lebewesen auf sich zu nehmen und ihre eigenen positiven karmischen Verdienste gegen das negative Karma anderer Lebewesen einzutauschen.

3 Der Kanon der Schule des Hinayana, die sich selbst als die Richtung versteht, die der ursprünglichen Form des Buddhismus am nächsten steht. Ihr Kanon, der in Pali niedergeschrieben wurde, stellt die Auffassung der Theravadin dar, die direkt auf die Lehren des Buddha zurückgehen.

4 *The Dalai Lama at Harvard*, übersetzt und herausgegeben von Jeffrey Hopkins, 1988, Snow Lion Publications, Ithaca, New York, USA. Deutsche Ausgabe: Dalai Lama, Einführung in den Buddhismus. Die Harvard-Vorlesungen, Herder/Spektrum, Band 4148.

5 Die Nur-Geist- oder Chittamatra-Schule besitzt zwei Fraktionen – die Anhänger der Schrift und die Anhänger der Vernunft. Das zentrale Konzept dieser Schule beinhal-

tet, daß alles „nur Geist" darstellt. Die Dinge existieren ausschließlich als geistiger Prozeß, nicht als Objekt. Über den Wissensprozeß hinaus existiert keine Wirklichkeit. Die äußere Welt wird als rein geistig beschrieben, denn es gibt in ihr keine Dinge oder Objekte, es gibt ebenfalls kein Subjekt, das diese Dinge wahrnimmt. Die Wahrnehmung ist ein Prozeß der schöpferischen Imagination, der die äußeren Objekte erzeugt.

6 Tantra bedeutet soviel wie Kontinuum oder System. Die Tradition des Tantra basiert auf der menschlichen Erfahrung, und sie beschreibt die spirituelle Entwicklung in Form der Kategorien von Grundlage, Weg und Verwirklichung. Die Grundlage ist der Übende selbst, der Weg ist der Pfad der Meditation, der den Grund aufbereitet, und die Verwirklichung ist der Zustand, der als Ergebnis der tantrischen Praktiken resultiert. Alle Formen des Tantra beschreiben diese drei Phasen. Die tibetische Tradition spricht von den vier Klassen des Tantra: Tantra der Aktion, Tantra der Entwicklung, Yoga-Tantra und Höchstes Yoga-Tantra. Die Kriterien für diese Unterscheidung gehen auf die Unterschiede in der spirituellen Stufe des Praktizierenden und die jeweilige Effektivität der Mittel, die ihn zur Erleuchtung führen, zurück.

7 Die Erfahrung der absoluten Wirklichkeit kann nicht mit Worten beschrieben und durch das konzeptionelle Denken verstanden werden. Ein analytisches Training ist für die Vorbereitung und Ausübung einer spirituellen Praxis nötig, um die besonderen Arten der direkten und nicht-konzeptionellen Wahrnehmung erfahren zu können. Eine nicht-konzeptionelle Erfahrung beginnt mit den richtigen konzeptionellen Rahmenbedingungen. Somit sind die buddhistischen Richtungen ein Hilfsmittel auf dem Weg zur absoluten Transformation. Sie lehren den eigentlichen Grund für ein Mißverständnis der Phänomene und die anschließende Lösung dieses Mißverständnisses. Die vier Grundrichtungen der buddhistischen Lehre unterscheiden sich durch die Methodik, die unterschiedlichen Arten des Unwissens zu identifizieren und zu korrigieren, die der Befreiung und dem Allwissen im Wege stehen. Es handelt sich bei diesen Grundrichtungen um Vaibhashika, Sautrantika, Cittamatra und Madhyamika.

114

8 Dharmakaya ist das eigentliche Naturell eines Buddhas, nämlich der Wahre Körper. Es ist die Zeitlosigkeit, Ewigkeit, die Nichtexistenz von individuellen Eigenschaften und das Fehlen von Dualität. Es ist der Körper, der allen Buddhas gemeinsam ist.

9 Ein Text, der Maitreya zugeschrieben wird und der mit einem Kommentar von Asanga versehen ist, der im 4. Jahrhundert in Indien lebte. Asanga begründete nach einer Inspiration durch den Bodhisattva Maitreya die Cittamatra-Schule. Man glaubt, daß er die fünf Traktate in Sanskrit niedergeschrieben habe, nachdem er sie von Maitreya in den Tushita-Himmeln gehört hatte. Die tibetische Tradition geht auf die vollständige Übersetzung der alten Sanskrit-Texte von Asanga zurück. Hier wird der Versteil Maitreya und der in Prosa verfaßte Kommentar Asanga zugeschrieben. Die Verse werden als Maitreyas absolute Lehre angesehen, die auf dem Prajnaparamita (Absolute Weisheit)-Sutra beruht.

10 Das unpersönliche Absolute hinter allen Unterschieden.

11 Eine Richtung des Hinayana-Buddhismus. In der alten Pali-Sprache bedeutet Theravada „Lehre der Ordensältesten". Diese Schule wurde von Moggaliputta Tissa gegründet und kam 250 v. Chr. nach Ceylon. Heute findet man den Theravada-Buddhismus in südostasiatischen Ländern wie Sri Lanka, Burma, Thailand und Laos. Als einzige noch existierende Schule des Hinayana-Buddhismus versteht sich Theravada als die Schule, die der ursprünglichen Form des Buddhismus am nächsten steht. Theravada betont die Befreiung des Individuums, die durch Meditation, Beachtung der Moralgesetze und eine monastische Lebensweise erlangt werden kann.

12 Eine Richtung des Buddhismus, die wörtlich mit „großes Fahrzeug" übersetzt werden kann. Das Mahayana entstand im ersten Jahrhundert in Indien. Es wird auch als Großes Fahrzeug bezeichnet, da es den Weg der Befreiung einer großen Zahl an Menschen ermöglicht hat; sein Ziel ist die Befreiung aller Lebewesen. Hinayana und Mahayana beziehen sich beide auf die ursprüngliche Lehre des Buddha, aber beide betonen unterschiedliche Aspekte seiner Lehre. Während die Schule des Hinayana die Befrei-

ung des Individuums anstrebt, suchen die Anhänger des Mahayana die Befreiung zum Wohl aller Lebewesen. Diese Einstellung geht auf das Mahayana-Ideal des Bodhisattva zurück, dessen Grundhaltung die des Mitgefühls ist. Mahayana hält das klösterliche Leben für weniger wichtig, als dies im Hinayana der Fall ist. Ein Laie kann ebenfalls Nirvana erlangen und auf die aktive Unterstützung der Buddhas und Bodhisattvas hoffen. Mahayana gliedert sich in unterschiedliche Richtungen, die in Indien, Tibet, China, Korea und Japan vorherrschen.

13 Advaita-Vedanta bedeutet wörtlich „das nicht-duale Ende der Veden", und es enthält die metaphysischen Teile der Upanishaden und alle Schriften, die sich auf die Upanishaden auf die eine oder andere Weise beziehen. Nicht-Dualität (Advaita) ist die vorherrschende philosophische Tradition im Hinduismus, die in einer Vielzahl von Schulen ihren Ausdruck gefunden hat.

14 Der historische Buddha, der zum Clan der Shakya gehörte. Er erhielt seinen Beinamen, nachdem er seine Lehrer verlassen und selbst seinen Weg zur Erleuchtung gefunden hatte. Der Name Shakyamuni wird oft in Verbindung mit dem Buddha benutzt, um den historischen Buddha von anderen Buddhas unterscheiden zu können.

15 Der Buddha des Weltzeitalters, das dem derzeitigen vorangeht.

16 Jiddu Krishnamurti wurde 1895 als mittelloser indischer Junge geboren. Er wurde durch Charles W. Leadbeater „entdeckt", einem der spirituellen Lehrer der Theosophischen Gesellschaft, der ihn als kommenden Weltenlehrer ausgerufen hatte. 1929 trennte sich Krishnamurti von der Theosophischen Gesellschaft und war seitdem einer der bekanntesten revolutionären Philosophen der Gegenwart. Für zusätzliche Informationen siehe: Peter Michel: Krishnamurti – Freiheit und Liebe. Annäherung an ein Geheimnis (Grafing 1993).

17 Die drei Körper des Buddha gehen auf das Verständnis zurück, der Buddha sei eins mit dem Absoluten und manifestiere sich in der relativen Welt, um für das Wohl aller Lebewesen tätig zu sein. Der *Dharmakaya* wurde ursprünglich mit der Lehre des historischen Buddha Shakya-

muni identifiziert. Erst später wurde er mit den beiden anderen Körpern in Verbindung gebracht, um einen Zusammenhang herzustellen. Entsprechend der wahren Natur des Buddha ist dieser Körper zeitlos, dauerhaft, frei von individuellen Eigenschaften und ohne irgendwelche Dualität. *Sambhogakaya* ist das Ergebnis früherer guter Taten und wird erreicht durch die Erleuchtung als Ergebnis der Verdienste, die ein Bodhisattva erworben hat. Er entspricht den 32 Haupt- und 80 Nebenmerkmalen eines Buddhas, und er kann nur durch einen Bodhisattva erkannt werden, der die letzte Entwicklungsstufe eines Bodhisattvas erreicht hat. *Nirmanakaya* wird in den früheren Buddhas und Bodhisattvas verkörpert und wird in die Welt durch die Meditation der Sambhogakaya-Buddhas als Ergebnis ihres Mitgefühls projiziert. Die Aufgabe der Nirmanakaya-Manifestationen ist die Erläuterung der Lehre. Wie alle Menschen sind sie an Krankheit, Alter und Tod gebunden, aber sie besitzen das göttliche Auge und Hörvermögen.

18 Die Übersetzung des Sanskrit-Wortes Samsara ist „Lebens-Weg oder -Zyklus". Es handelt sich dabei um den Bereich, in dem alle Lebewesen eine Folge von Wiedergeburten in unterschiedlichen Existenzformen durchleben, bis sie schließlich die Befreiung erlangen und in Nirvana eingehen. Die Bindung an Samsara geht auf die drei Grundübel Gier, Haß und Unwissen zurück. Die Art der Wiedergeburt in Samsara wird durch das Karma der Lebewesen bestimmt. Ein Verlassen des Samsara durch Eintritt in das Nirvana ist nur durch die Wiedergeburt als Mensch möglich. In anderen Existenzformen können die Lebewesen die Kreisläufe nicht beenden, da sie Begierde und Unwissen als Antriebselemente im Samsara nicht erkennen und dadurch überwinden können.

19 Aurobindo Ghose (1872–1950) ist einer der berühmtesten Weisen des modernen Indiens. Er wurde in einer wohlhabenden bengalischen Familie geboren, wuchs in England auf und wurde eine der Schlüsselgestalten der bengalischen Unabhängigkeitsbewegung. Während einer einjährigen Haftstrafe geschah seine spirituelle Transformation. Nach seiner Freilassung zog er sich aus der Welt zurück

und veröffentlichte viele philosophische Werke. Sri Aurobindo beschrieb seine philosophische Lehre als „Integralen
Yoga", der oft als das einzige philosophische System bezeichnet wird, das im zeitgenössischen Indien entwickelt
wurde und in der spirituellen Erfahrung wurzelt. Diese
Form des Yoga erhebt den Anspruch, einen gangbaren Weg
durch die gegenwärtigen globalen Krisen aufzuzeigen, die
für Aurobindo ein Übergang vom mentalen zum supra-
mentalen Bewußtsein darstellten.

20 Ghose, Aurobindo, The Problem of Rebirth, Pondicherry
    1933, S. 68.
21 Lama Anagarika Govinda, Creative Meditation, Theoso-
    phical Publishing House, Madras, 1976, S. 48–49.
22 Diskussion zwischen S. H. dem Dalai Lama und Hr. Troe-
    mel, dem Inhaber des Adyar Verlags, Deutschland.
23 Der Physiker David Bohm war ein Schüler Albert Einsteins
    und einer der Partner im Dialog mit Jiddu Krishnamurti.
    Ohne Zweifel war er einer der weitblickendsten Wissen-
    schaftler unserer Zeit. Seine philosophische Interpretation
    der Quantentheorie enthüllt faszinierende Dimensionen
    einer neuen Weltsicht. Er starb 1992.
24 Der 3. Dalai Lama, *Essence of Refined Gold*, Snowlion,
    Ithaca, 1985 (dt. Gesang der inneren Erfahrung, Hamburg
    1993). Der 14. Dalai Lama schrieb einen Kommentar über
    diesen Text, der vom 3. Dalai Lama (1543–1588) stammt.
    Es handelt sich dabei selbst um einen direkten Kommen-
    tar zur Zusammenfassung des Werkes „Der Stufenweg der
    spirituellen Praxis", das von dem großen tibetischen Ge-
    lehrten Tsongkapa (1357–1419) geschrieben wurde.
25 Ein berühmter tibetischer Weiser aus dem 11. Jahrhundert.
    Sein Name wird in der tibetischen Sprache übersetzt als
    „Mila, der die Baumwollkleider eines Asketen trägt".
    Nachdem Milarepas Lehrer Marpa ihm die schwierigsten
    Prüfungen auferlegt hatte, übergab er ihm schließlich die
    vollständige Lehre. Sein Eifer und seine beispiellose Be-
    triebsamkeit in der Verwirklichung der Lehre führte zur
    Gründung der Kagyupa-Schule. Als Milarepa sieben war,
    starb sein Vater, und der Besitz der Familie ging an geld-
    gierige Verwandte, die ihn und seine Mutter sehr schlecht
    behandelten. Um dies zu rächen, lernte er die Beherrschung

der destruktiven Kräfte in der Natur und tötete viele Menschen durch heftigen Sturm. In dem Wunsch, für diese Taten zu büßen, ging Milarepa zu einem Lehrer, der ihn später zu Marpa schickte. Sechs Jahre lang mußte er als Marpas Diener arbeiten. In diesem Zeitraum unterwarf ihn Marpa einer strengen Behandlung, die ihn beinahe an den Rande der Verzweiflung brachte und er Selbstmord begehen wollte. Nachdem Milarepas böse Taten auf diese Weise gesühnt waren, bereitete er sich auf ein Leben in Einsamkeit vor. Er lebte viele Jahre lang in der vollkommenen Abgeschiedenheit gebirgiger Eishöhlen und meditierte dort intensiv. Nach einem Zeitraum von neun Jahren ungestörter Einsamkeit akzeptierte Milarepa schließlich Schüler und lehrte den Menschen seine Lieder.

26 Nagarjuna ist einer der wichtigsten Philosophen des Buddhismus, und er gilt als Begründer der Madhyamika-Schule. Obwohl es über sein Leben keine verläßlichen Daten gibt, nimmt man an, daß er in Indien im 2. oder 3. Jahrhundert gelebt hat. Nagarjunas wichtigste Handlung war die Systematisierung und Vertiefung der Lehre, die sich im Prajnaparamita (Vollkommene Weisheit)-Sutra findet. Er entwickelte eine Form der Dialektik, die auf einer Reductio-ad-absurdum vollkommener Gegensätze beruht. Er begann mit der Annahme, daß jedes Ding nur in der Beziehung zu seinem Gegenstück existiert und zeigte, daß die Dinge nur relativ sind und keine Substanz besitzen. Sie sind leer (shunya). Nagarjunas methodologischer Ansatz der Ablehnung aller Gegensätze bildet die Grundlage für den Mittleren Weg der Madhyamikas, und er bezieht sich direkt auf die Lehre des Buddha. Dieser mittlere Weg wird in acht Negationen ausgedrückt: keine Aufhebung, keine Schöpfung, keine Zerstörung, keine Ewigkeit, keine Einheit, keine Vielfalt, keine Ankunft und keine Abreise.

27 Candrakirti ist bekannt für seine profunden Kommentare über die Werke Nagarjunas und Aryadevas, die den Beginn der Madhyamika-Schule kennzeichnen. Er lebte in Indien am Ende des 6. und am Anfang des 7. Jahrhunderts. Candrakirti kommentierte in seinem Werk Prasannapada (Klare Worte) die Karikas von Nagarjuna, durch das er die Madhyamika-Lehre auf ihre ursprüngliche Reinheit zurück-

führen wollte. Er arbeitete selbst auf dem Gebiet der Logik und entwickelte die Gedanken Nagarjunas und Aryadevas weiter.

28 Renée Weber: Wissenschaftler und Weise, Grafing 1987.

29 Der Sanskrit-Begriff Skandha wird mit „Gruppe", „Aggregat" oder „Anhäufung" übersetzt. Dieser Begriff verweist auf die fünf Aggregate Form, Empfindung, Wahrnehmung, Geistesfaktoren und Bewußtsein. Die Eigenschaften der Skandhas sind Geburt, Alter, Tod, Dauer und Veränderung. Sie besitzen keine Essenz (Anatman), sind impermanent (Anitya) leer (shunya) und dem Leiden verhaftet (duhkha).

30 Das Kleingedruckte bezieht sich auf den Originaltext des 3. Dalai Lama, den der 14. Dalai Lama hier kommentiert.

Ausgewählte Bibliographie

1) Die Gespräche in Bodhgaya, Grafing 1989; Taschenbuchausgabe: Sehnsucht nach dem Wesentlichen. Die Gespräche in Bodhgaya (Freiburg i. Br., Herder/Spektrum Band
   4229)
2) Die Vorträge in Harvard, Grafing 1991; Taschenbuchausgabe: Einführung in den Buddhismus (Freiburg i. Br.,
   Herder/Spektrum Band 4148)
3) Yoga des Geistes, Hamburg ^{2}1991
4) Brücken zur Freiheit, Hamburg 1995
5) Im Einklang mit der Welt, Berg.-Gladbach 1993
6) Gesang der inneren Erfahrung, Hamburg 1993
7) Das Buch der Freiheit (Autobiographie), Berg.-Gladbach
   1990
8) Theologie und Buddhismus (hrsg. von Hank Troemel),
   Satteldorf 1994
9) In die Herzen ein Feuer, München 1995

S. H. Dalai Lama bei Herder/Spektrum

Dalai Lama
Tibet – Ort der Götter, Land der Tränen
Hrsg. von G. van Grasdorff
Band 4497
Der Dalai Lama über die Vergangenheit, Gegenwart und Zukunft Tibets
und über die Hoffnung auf eine Rettung dieser Kultur.

Dalai Lama
Der Friede beginnt in dir
Wie innere Haltung nach außen wirkt
Band 4451
Einer der schönsten Texte des Buddhismus.

Dalai Lama
Mitgefühl und Weisheit
Ein großer Mensch im Gespräch mit Felizitas von Schönborn
Band 4288

Dalai Lama
Sehnsucht nach dem Wesentlichen
Die Gespräche in Bodhgaya
Band 4229
Menschen aus allen Kulturkreisen haben den Friedensnobelpreisträger
aufgesucht und neue Impulse für ihr spirituelles Leben gewonnen.

Dalai Lama
Einführung in den Buddhismus
Die Harvard-Vorlesungen
Band 4148

Dalai Lama
Zeiten des Friedens
Band 4065
Einer der großen geistigen Führer unserer Zeit gibt der Sehnsucht nach
Frieden wichtige spirituelle Impulse.

HERDER / SPEKTRUM

Weisheit – Religion – Meditation

Eckart Kroneberg
Buddha in der City
Achtsam leben im Alltag
Band 4531
Buddha und der aufgebrachte Hauswart – Buddhismus als Lebensstil, in Langzeiterfahrung erprobt.

Thich Nhat Hanh
Die Sonne, mein Herz
Wie Glück entsteht
Band 4520
Wer achtsam ist auf die Gegenwart des Lebens in uns, kommt mit dem wahren Glück in Berührung.

Thich Nhat Hanh
Zeiten der Achtsamkeit
Mit einer Einleitung hrsg. von Judith Bossert und Adelheid Meutes-Wilsing
Band 4492
In der Übung der Achtsamkeit liegt der Weg zum Wesentlichen, zur Welt unseres eigenen Lebens. Die schönsten Texte zum 70. Geburtstag des bedeutenden Meditationsmeisters.

Thich Nhat Hanh
Lächle deinem eigenen Herzen zu
Wege zu einem achtsamen Leben
Hrsg. von J. Bossert/A. Meutes-Wilsing
Band 4370
Die einfache, tiefe Botschaft an Menschen, die in der Hektik des Alltags beim Gehen schon ans Rennen denken.

Die Reden des Buddha
Lehre, Verse, Erzählungen
Band 4112
Texte voll denkerischer Tiefe und Poesie – ein Kompendium des Weisheitswissens von unvergleichlicher Aktualität.

HERDER / SPEKTRUM

Hugo M. Enomiya-Lassalle
Der Versenkungsweg
Zen-Meditation und christliche Mystik
Band 4142
In jedem Menschen steckt ein Mystiker – hier vermittelt der große Lehrer fernöstlicher Weisheit die Essenz seiner Erfahrung.

Hugo M. Enomiya-Lassalle
Zen – Weg zur Erleuchtung
Einführung und Anleitung
Band 4121
Die klassisch gewordene Einführung. Eine unwiderstehliche Einladung zu einem neuen Leben aus der Kraft der Meditation.

Hugo M. Enomiya-Lassalle
Erleuchtung ist erst der Anfang
Texte zum Nachdenken
Herausgegeben von Gerhard Wehr
Band 4048
Enomiya-Lassalle, der große Meditationsmeister und Vermittler östlicher Weisheit, weist hier den Weg zum meditativen Leben.

Maha Ghosananda
Wenn der Buddha lächelt
Frieden finden – Schritt für Schritt
Vorwort von Jack Kornfield
Band 4544
Die Weisheit des Buddhismus – zugänglich für alle Menschen.

Ngakpa Chögyam
Reise in den inneren Raum
Einführung in die tibetische Meditationspraxis
Mit zahlreichen Abbildungen
Band 4516
Den eigenen Weg erkunden und aufmerksam beschreiten. Ein anschauliches Begleit- und Übungsbuch zur Meditationspraxis.

HERDER / SPEKTRUM

Karlfried Graf Dürckheim
Wunderbare Katze
Und andere Zen-Texte
Band 4489

Zum 100. Geburtstag des Meisters sein Klassiker jetzt im Taschenbuch. Eine unerschöpfliche Quelle altöstlicher Weisheit.

Daisetz Teitaro Suzuki
Das Zen-Koan – Weg zur Erleuchtung
Mit einem Vorwort von Janwillem van de Wetering
Band 4452

Koans sind Rätsel, die jeder für sich löst. Sie können zeigen, wer wir wirklich sind. Die klassische Einführung.

Benjamin Radcliff/Amy Radcliff
Zen denken
Ein anderer Weg zur Erleuchtung
Aus dem Amerikanischen von Bernardin Schellenberger
Band 4396

Die alternative Einführung für alle, die Zen von der eigenen westlichen Erfahrung her verstehen und praktizieren wollen.

Geshe Thubten Ngawang
Genügsamkeit und Nichtverletzen
Natur und spirituelle Entwicklung im tibetischen Buddhismus
Mit Beiträgen des Dalai Lama
Band 4356

Aus dem Kern der Botschaft des Dalai Lama sind die Konsequenzen formuliert, die sich aus buddhistischer Sicht ergeben.

Geshe Rabten
Das Buch vom heilsamen Leben, vom Tod und der Wiedergeburt
Der Befreiungsweg im tibetischen Buddhismus
Vorwort Dalai Lama
Band 4335

Eine durch Jahrtausende erprobte Art, mit dem Tod umzugehen und die Sicht des Lebens zum Positiven zu verändern.

HERDER / SPEKTRUM

Amadeo Solé-Leris
Die Meditation, die der Buddha selber lehrte
Wie man Ruhe und Klarblick gewinnen kann
Band 4316
Der bedeutende westliche Meister erschließt in diesem praktischen
Handbuch dem Meditationsanfänger die älteste Überlieferung buddhi-
stischer Meditation.

Emma Brunner-Traut
Die Stifter der großen Religionen
Echnaton, Zarathustra, Mose, Jesus, Mani, Muhammad,
Buddha, Konfuzius, Lao-tse
Band 4254
Welche Menschen stehen hinter den großen Religionen? Was ist Le-
gende, was Wirklichkeit? Ein neues Standardwerk der großen Autorin.

Daisetz Teitaro Suzuki
Wesen und Sinn des Buddhismus
Ur-Erfahrung und Ur-Wissen
Band 4197
Die Quintessenz des Buddhismus: Grundideen des Zen, seine Spiritua-
lität und Philosophie in überzeugend klarer Darstellung.

Katsuki Sekida
Zen-Training
Das große Buch über Praxis, Methoden, Hintergründe
Band 4184
Wie kann man als westlicher Mensch Zen-Meditation lernen?
„Das erste umfassende Handbuch" (Psychology today).

Die fünf großen Weltreligionen
Islam, Judentum, Buddhismus, Hinduismus, Christentum
Herausgegeben von Emma Brunner-Traut
Band 4006
Über die Grenzen der Kontinente hinweg erschließt dieses Buch den
Kosmos der Religionen.

HERDER / SPEKTRUM